AF609398

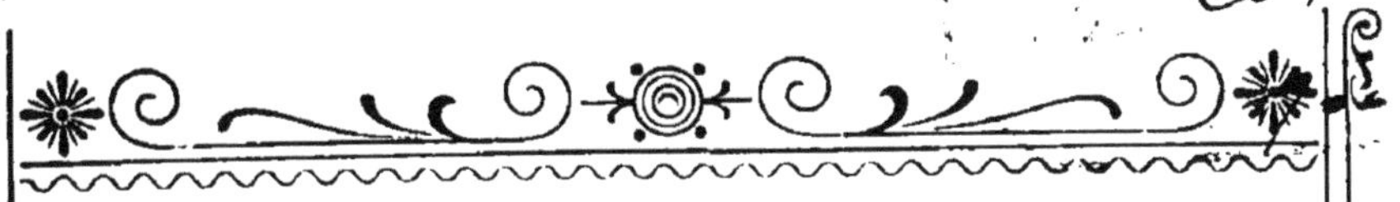

SAINTE HILTRUDE

VIERGE

PATRONNE DE LIESSIES

Par M. l'Abbé Adrien DELOBELLE

VICE-DOYEN,

CURÉ DE DOMPIERRE

BAR-LE-DUC

IMPRIMERIE DE L'ŒUVRE DE SAINT-PAUL

36, rue de la Banque, 36

Au Presbytère de Liessies (Nord).

1900

Approbation.

Lettre de M. le vicaire général Lobbedey, à l'auteur.

ARCHEVÊCHÉ
de
CAMBRAI

Cambrai, le 14 *août* 1900.

CHER MONSIEUR LE VICE-DOYEN,

Les temps changent, les institutions se modifient ou disparaissent. Dieu seul est immuable et son Eglise immortelle. A ses enfants, qu'elle a glorifiés, elle donne, même sur la terre, quelque chose de son immortalité. Elle vit donc toujours au milieu de vous, dans le pays de Liessies, dans le riant Avesnois, la vierge ***Hiltrude*** dont vous écrivez la vie *con amore*, comme vous aviez fait, il y a quelques années, pour saint Etton, le patron de votre cher Dompierre.

En encourageant les monographies paroissiales, Mgr l'Archevêque désire surtout voir se raviver et s'étendre le culte des saints Patrons. J'ai donc le doux mandat de vous envoyer les meilleures félicitations du Pontife diocésain.

Le vénéré Pasteur de Liessies a beaucoup fait déjà pour sainte Hiltrude, et, autour de lui, les bonnes volontés ont-elles fait défaut ? Qu'il me soit permis de citer ici l'excellent et si digne M. Ch. Lhomme et de lui payer un tribut public d'éloges.

Qu'elle soit de plus en plus honorée la chère Sainte ! Que son image demeure, ou reparaisse là où elle a disparu ! Que son nom soit porté par les petites filles du pays, et que ses louanges retentissent par toute l'Eglise de Cambrai au jour festival du 27 septembre !

J'ai lu avec bonheur qu'à Bergues même, mon pays natal, un jour sainte Hiltrude fut invoquée et exauça son client, et je me souviens toujours avec une pieuse allégresse de ma station à Liessies en 1898.

Veuillez recevoir, cher Monsieur le Vice-Doyen, l'assurance de mon affectueux dévouement.

EMILE LOBBEDEY, S. T. D.,
Vicaire général.

AVANT-PROPOS

Nous vivons dans un siècle de réparation. De toutes parts, dans nos édifices religieux, des manœuvres, suspendus à des échafaudages, s'appliquent à gratter la chaux sous laquelle le mauvais goût des derniers temps avait caché les vieilles fresques. Le dessin était trop ferme et avait trop profondément pénétré pour s'effacer à si peu de frais, en sorte que les Saints de nos aïeux reparaissent partout avec leurs têtes inspirées et leurs auréoles d'or.

Ce travail que nous admirons dans nos basiliques, nous voudrions le faire pour ajouter, s'il est possible, à la gloire de sainte Hiltrude. Nous avons en tous cas réuni tous nos efforts pour mettre en pleine lumière cette si suave figure. Tous les ouvrages qui ont parlé d'elle ont été scrupuleusement consultés. Et nous avons conscience de n'avoir rien avancé qui ne soit conforme à la vérité historique et ne puisse supporter la plus sévère critique.

Notre désir est qu'on connaisse mieux la douce et puissante patronne de Liessies, qu'on l'invoque toujours avec confiance, que surtout on l'aime et on l'imite.

C'est tout le but de cette notice.

27 mai 1900,
en la fête de l'Elévation de sainte Hiltrude.

CHAPITRE PREMIER

Vie de sainte Hiltrude.

LA vallée où s'élevait autrefois l'abbaye de Liessies offre les sites les plus pittoresques. L'Helpe majeure, une étroite et profonde rivière cachée sous un rideau de saules, la sillonne de son cours sinueux. Des étangs et des prairies y forment de vastes bassins d'eau et de verdure. Les toits du village, trois maisons de campagne et le clocher de l'église s'y découvrent à demi noyés dans le feuillage de quelques bouquets d'arbres. Des champs, dont la terre végétale est percée çà et là par le roc vif, y montrent de maigres récoltes étagées sur les premières pentes des hauteurs. Les flancs des collines abruptes qui ferment l'horizon de toutes parts, et dont les cimes azurées servent de fond à un merveilleux panorama, sont couverts de forêts épaisses, où bondissent les chevreuils, où les sangliers se nourrissent de glands et de faînes. Quand le soleil de l'été fait étinceler les nappes d'eau, dore de ses rayons les prairies, et fait ressortir les nuances si variées des feuillages de la forêt, le voyageur s'arrête pour contempler avec admiration cette vallée riante, solitaire et sauvage, et il l'appelle comme ceux qui l'ont vue quand elle était encore vierge des pas et de la main de l'homme : la vallée de la joie, de la liesse, Liessies.

C'est dans cette vallée, au VIIIe siècle, que vécut sainte Hiltrude.

Son père se nommait Wibert, sa mère Ade, son frère aîné Gontard, et sa sœur cadette Berthe.

Wibert était comte de Poitou et Ade appartenait à la plus illustre noblesse; tous deux étaient issus du plus vieux sang gaulois.

Voici comment l'histoire nous raconte leur arrivée à Liessies.

Dans l'Aquitaine que Dagobert avait soumise à son autorité un siècle auparavant, Waïfre, un des grands vassaux de la couronne, qui portait le titre de duc, voulait se soustraire au sceptre de Pépin. Cherchant à entraîner dans sa rébellion tous les seigneurs de la contrée, il poursuivait et dépouillait ceux d'entre eux qui refusaient de se rallier à ses projets. Wibert fut une victime de cette persécution. Ses châteaux furent ruinés, ses domaines ravagés. En sorte qu'il ne lui restait que l'amitié de son Roi, qui se trouvait alors dans l'impossibilité de punir la félonie et la cruauté du traître.

Pépin récompensa les services et le dévouement de Wibert en lui donnant tout le territoire qui s'étend du Viroin, affluent de la Meuse, à l'Helpe majeure.

Wibert, heureux de cette solution qui le mettait à même de mener une vie plus simple, plus tranquille et plus libre, s'empressa d'en témoigner à Dieu sa reconnaissance.

De concert avec Ade, sa pieuse épouse, il décida d'établir des monastères aux deux extrémités de la donation royale.

L'un de ces établissements fut la collégiale de Molhain, dans la vallée de la Meuse. Douze chanoines y furent installés et dotés pour l'honneur de la sainte Vierge. Ce Chapitre subsista jusqu'à la Révolution de 1793.

Une tradition respectable veut que, pendant la construction de l'abbaye de Molhain, Wibert et sa famille aient habité le château de Merlemont, près de Philippeville, où le souvenir de sainte Hiltrude s'est perpétué jusqu'à nos jours.

La prospérité du monastère de Molhain étant assurée, Wibert se rendit à Liessies. C'était vers l'an 760.

Avec l'aide des vassaux qui l'avaient suivi dans son émigration, Wibert se construisit une demeure, défricha une portion du terrain d'alentour, et quelques années après, pour réaliser le plus cher désir de son âme, il voulut ériger une abbaye semblable à celles qu'avaient fondées dans la contrée, un siècle auparavant, saint Vincent à Hautmont, saint Landelin à

Wallers, saint Humbert à Maroilles. La position de Liessies y prêtait, du reste. Le vallon inspirait le recueillement et la prière, et le cours d'une eau poissonneuse pouvait fournir aux religieux plus de la moitié des choses nécessaires à l'existence. Dans ces temps encore barbares, c'était une œuvre d'une très haute importance que l'érection d'un monastère dans lequel les enfants de saint Benoît, tout en vaquant à la prière, en chantant le jour et la nuit les louanges du Seigneur, instruisaient le peuple, enseignaient l'agriculture, hébergeaient les voyageurs et répandaient autour d'eux les lumières de la civilisation. Ce sont les moines, disons-le en passant, qui, à la lettre, ont fait la société française. Les hommes qu'ils instruisaient, évangélisaient et édifiaient, imitèrent ce qu'ils avaient sous les yeux. Ils s'accoutumèrent à se rapprocher, à vivre ensemble, et par conséquent à se supporter et à se soutenir. Les maisons se groupèrent autour des abbayes et des prieurés, et formèrent des villes et des villages. Quoi de plus misérable d'abord que ces cultivateurs et ces tisserands entassés entre d'étroites murailles? et cependant un intérêt commun commençait à les rattacher les uns aux autres. Ils apprenaient chez les moines, leurs voisins, à délibérer entre eux, à se donner des chefs, à obéir, à se dévouer pour le bien général, à s'aimer les uns les autres.

Le monastère de Liessies, construit partie en bois et partie en pierres, s'éleva attenant à l'habitation de Wibert. Il fut, ainsi que l'église, achevé en l'année 765. Albéric, évêque de Cambrai, vint, à la prière du pieux seigneur, en faire la consécration, et il le plaça sous le vocable de saint Lambert, évêque de Liège, dont Wibert avait reçu une relique insigne de Foleric, qui occupait le siège du glorieux martyr.

Wibert et Ade n'avaient pas songé seulement à ériger une maison au Seigneur et un asile à ceux qui se sentaient appelés à suivre les conseils évangéliques. Comprenant leur principal devoir de chefs de famille, ils avaient fait de leur foyer un sanctuaire, un temple. L'ombre de Dieu y planait. Personnes et choses, tout était là en ordre. On n'y avait que de pieux et utiles entretiens, on n'y faisait que des actions saintes. Les pensées élevées y remplissaient les esprits, la prière et le travail y remplissaient les heures. On s'y aimait avec dévouement, indulgence, patience. Pour se sanctifier, les enfants n'avaient qu'à regarder leurs parents, qui étaient véritablement pour eux le livre où ils lisaient la vertu. Beau modèle pour les familles de notre époque où les défaillances, les condescendances coupables, l'indifférence surtout ont amené l'abaissement du sens chrétien et dès lors du sens moral. Ah ! qu'elles reviennent enfin à l'unique nécessaire d'où sort toujours le surcroît, aux principes chrétiens sans lesquels rien ne s'établit! Qu'elles comprennent désormais qu'il n'y a qu'une sagesse, celle du ciel, qui fait parler au nom de l'Evangile, et agir de la part de Dieu, à sa manière, dans son intérêt et pour sa gloire : car qu'est-ce qu'une âme sans la vérité, et qu'est-ce que notre vie si Jésus-Christ ne l'inspire et ne la dirige?

Tout était donc plein de l'esprit de Dieu dans cette bénie maison de Wibert et d'Ade.

Gontard, leur fils, avait plus que les vertus chrétiennes. Il est permis de penser qu'il avait passé quelque temps dans une maison religieuse, peut-être à Hautmont ou à Wallers, et qu'en suivant la règle monastique, il s'y était formé à toutes les qualités qui font les saints. Toujours est-il que l'évêque de Cambrai, auquel son père le présenta lors de la consécration du monastère, le trouva si avancé dans la science et dans la perfection, qu'il le jugea digne de recevoir la crosse abbatiale, et le plaça à la tête de cette maison.

Hiltrude fut la fervente imitatrice des vertus de Gontard. S'inspirant de ses exemples et docile aux leçons de ses parents, elle n'avait cessé de croître en sagesse et en grâce. A l'âge des jeux et des rires, elle s'exerçait à converser avec Dieu dans les délices de l'oraison. Aimable aux pauvres, elle les guettait pour leur faire, avec ce qu'on lui octroyait pour ses plaisirs, de larges aumônes. Son cœur était plein de douceur, de tendresse et de paix, son caractère plein de fermeté et de décision. Elle joignait à ces dons embellis par la grâce de Dieu un esprit sûr, profond, pénétrant, capable des plus grands desseins. Puis, sur tant de charmes était jetée, comme un voile, la modestie de la vierge chrétienne, ennemie des parfums, des joyaux et des vains ornements dont les filles d'alors aimaient à se parer. Aussi n'était-ce pas sans une pieuse jalousie qu'elle avait vu son frère se consacrer à Dieu par les vœux de pauvreté, de chasteté et d'obéissance. Cet exemple, d'ailleurs, n'était pas le seul qui parlât à son âme. Il est certain qu'elle n'ignorait pas l'histoire des jeunes vierges qui naguère avaient étonné la contrée par le plus généreux sacrifice, en se donnant à Jésus-Christ d'une manière irrévocable. Un siècle n'était pas encore écoulé depuis que sainte Aldegonde, fuyant le monde, s'était retirée à Maubeuge, pour s'y livrer, dans la retraite et le silence, aux joies de la contemplation. Le nom de cette illustre fille des seigneurs de Cousolre, auquel de nombreux miracles ajoutaient chaque jour un nouveau lustre, était dans toutes les bouches. A travers les sentiers de la forêt, son père ne l'avait-il pas conduite quelquefois s'édifier de la vue des épouses du Christ qu'Aldegonde avait formées à son école? Dans des entretiens intimes, ne lui avait-il pas dit comment sainte Gertrude, fille de Pépin de Landen, avait fondé le monastère de Nivelles, comment elle avait eu le bonheur de mener avec elle dans les voies du salut ses quatre nièces, les saintes Reinelde, Pharaïlde, Ermelinde et Gudule? En établissant le cloître destiné aux enfants de saint Benoît, il lui avait sans doute suggéré son dessein d'imiter, dans la mesure du possible, le prince Vincent Madelgaire ; elle, de son côté, s'était dit tout bas qu'elle imiterait sainte Aldegonde et les autres vierges, qu'elle invoquait dans ses prières.

Hiltrude s'était donc consacrée à Dieu : mais elle gardait ce secret renfermé dans son cœur. Bientôt cependant le ciel lui offrit l'occasion de le divulguer. La renommée de sa beauté et des brillantes qualités de son âme s'était répandue au loin, bien au delà du Hainaut et de la Thiérache. Un jeune seigneur, nommé Hugues, dont le père avait probablement connu Wibert à la cour de Pépin, arriva un jour de la Bourgogne, sa patrie, pour la demander en mariage.

Wibert et sa vertueuse épouse, après lui avoir témoigné leur reconnaissance, lui dirent qu'ils consulteraient les goûts de leur fille. Et, comme le jeune leude présentait toutes les garanties désirables, ils ajoutèrent que son union avec Hiltrude paraissait devoir être parfaitement assortie. En sorte que, sans donner précisément à Hugues une promesse formelle, ils encouragèrent ses espérances.

Alors, appelant Hiltrude, Wibert et Ade lui annoncèrent les intentions du noble Bourguignon, ainsi que les leurs à son égard.

La jeune vierge répondit avec respect à ses parents qu'elle était bien attristée de ne pouvoir entrer dans leurs vues, attendu que depuis longtemps son parti était pris. « Il y a longtemps, s'écria-t-elle, que je me suis vouée à Dieu. J'ai promis à Jésus-Christ que seul il sera à jamais mon époux. Je vous en supplie, ne me forcez pas de me séparer de celui à qui j'appartiens. Accordez-moi cette marque de tendresse, et prouvez-moi ainsi que je suis votre fille bien-aimée. »

Cette réponse impressionna profondément Wibert et Ade; mais ils attribuèrent cette résolution à une ferveur passagère, et ne perdirent point l'espoir de la voir changer.

Avec douceur, ils renouvelèrent leur proposition, engageant leur fille à considérer les avantages qu'elle trouverait dans cette union, les belles qualités du jeune seigneur qui la désirait pour épouse. Ils lui dirent que le mariage est un état saint, que Jésus-Christ l'avait béni et élevé à la dignité de sacrement, et que, dans sa nouvelle position, elle pourrait servir Dieu avec autant de fidélité que dans le célibat.

Hiltrude demeura inflexible. Jésus s'était si bien révélé à elle ! Elle savait si parfaitement que les vraies joies sont en lui, joies si splendides qu'elles révèlent Dieu et découvrent jusqu'à son cœur, joies si hautes qu'elles détachent de tout, si fidèles qu'elles ne trompent jamais, si profondes qu'elles sont inviolables, si vives et si efficaces qu'elles adoucissent toute amertume, si durables enfin qu'elles sont immortelles et ne commencent ici que pour se consommer là-haut !

Laissée à elle-même et à ses réflexions, la jeune vierge comprit que tout ne se bornerait pas là, et que l'on reviendrait à la charge. Que va-t-elle devenir ? Sa détermination est bien formelle, mais n'a-t-elle pas à craindre de sa faiblesse ? Les raisonnements de ses parents, leurs prières, leurs larmes sans doute, ne vont ils pas l'exposer à trahir ses promesses ? Il faut éviter le combat qui pourrait s'élever en son cœur. Que faire ? Le temps presse. Mais n'a-t-elle pas cette parole du saint Evangile : « Celui qui aime son père ou sa mère plus que moi, n'est pas digne de moi ? » N'a-t-elle pas l'exemple de sainte Aldegonde, qui, pressée comme elle d'être infidèle à ses vœux, abandonna le toit paternel et s'enfuit sous la garde de Dieu ?

Se recommandant à Dieu et à la Reine des Vierges, Hiltrude prend une résolution héroïque qu'elle communique à quelques pieuses filles attachées à son service et dont le dévouement lui est connu. Celles-ci promettent de ne pas l'abandonner. Et avec elles, sans autre secours que ceux qu'elle attend de la divine Providence, elle sort du château pendant la nuit, et s'enfonce dans l'épaisseur de la forêt.

Il serait difficile de dépeindre la douleur de Wibert et d'Ade, lorsqu'ils apprirent la disparition de leur fille.

Quand ils la retrouvèrent, leur peine se changea en un sentiment d'admiration. Souvent, aveuglés par leur amour, les parents éprouvent de l'affliction quand leurs enfants, afin de se consacrer à Dieu, refusent d'obtempérer à leurs désirs et semblent mépriser les préoccupations de leur cœur. C'est une amertume qui passe. Ils ne tardent pas à se dire que, dans l'âme de ces enfants, il y a une grande noblesse. Sans trop s'en rendre compte, ils comprennent l'injustice de leurs murmures. Bientôt ils se laissent toucher, donnent leur consentement à la volonté de Dieu, et finissent par s'estimer heureux de ce que Jésus a bien voulu se choisir dans leur foyer une épouse et une victime. Ces répulsions paternelles sont des épreuves par lesquelles Dieu se plaît à faire passer les âmes qu'il appelle à lui, et qu'il veut élever à une haute perfection. Ces jours de douleurs et d'angoisses ressemblent aux orages qui épurent l'air et préparent une douce sérénité. Ainsi en fut-il pour Hiltrude. Wibert et Ade comprirent que tout ce qu'ils feraient pour amener un changement dans ses résolutions, serait inutile. Pleins de respect pour les droits de Dieu, ils laissèrent leur fille libre d'exécuter son pieux dessein. Hugues fut instruit de la résolution d'Hiltrude. Et comme ses vertus le faisaient désirer pour gendre, on lui offrit la main de Berthe, la fille puînée, qu'il consentit à accepter.

Hiltrude, dans sa reconnaissance envers Dieu, demanda à ses parents que jusqu'au mariage de sa sœur on lui permît de rester dans sa solitude. Elle ne rentra au château que pour donner le baiser d'adieu à Berthe avant son départ définitif pour la Bourgogne, et se préparer à ratifier solennellement, en face de l'Église, son vœu d'appartenance éternelle à Jésus.

Toutefois, pour se trouver plus près de son frère, recevoir ses conseils, suivre sa direction, s'édifier de ses vertus et de sa piété, Hiltrude ne voulut pas quitter Liessies. Et Wibert, pour favoriser cette décision, s'empressa de faire construire dans l'église, du côté du nord, qui était vraisemblablement le côté attenant au château, immédiatement après le chœur où les moines célébraient l'office, un oratoire, où, par une porte, particulière, il lui fût loisible de pénétrer à son gré, pour assister au service religieux, prier et méditer devant le Dieu caché au Sacrement de l'autel.

Lorsque toutes les dispositions furent achevées, l'évêque de Cambrai, Albéric, qui naguère avait consacré le monastère et l'église, fut invité à venir la revêtir du voile que la religion pose au front des vierges, comme le symbole de leur union au Dieu jaloux qui seul veut régner sur leur cœur. On peut se figurer combien fut touchante cette cérémonie dans laquelle la fille du comte de Poitou renonça, dans tout l'éclat de sa beauté, aux alliances terrestres et au monde. On y voit le vénérable Pontife, assisté de Gontard, debout devant l'autel, exposant que dans la vie religieuse tout est grâce, lumière, secours, encouragement ; que là semblent divinement disposés ces degrés d'ascension dont parle le Roi-prophète, qui, partant du fond de la vallée des larmes, ne finissent qu'en ces hauteurs où l'âme contemple Dieu face à face ; qu'il y a toute sécurité pour qui mène cette vie ; qu'on y est gardé et protégé ; qu'on y trouve l'ample provision d'huile nécessaire pour la suprême visite de l'Epoux. On se représente Wibert et Ade, agenouillés, et offrant à Dieu, au milieu des pleurs et des sanglots, leur fille bien-aimée. On admire Hiltrude, calme, recueillie, d'une modestie angélique, recevant avec amour, devant tous les moines qui applaudissent à son héroïsme, le voile de la virginité, et prononçant d'une voix ferme la formule de la consécration que lui a présentée le Pontife. Cette scène est vraiment digne du regard des cieux. Ah ! pourquoi faut-il que dans notre siècle il y ait des hommes qui poursuivent de leur haine les âmes consacrées à Dieu et s'acharnent à détruire les maisons qui leur servent d'asile ! Ce n'est pas de la sorte que le comprenaient les saints. Quand ils parlent des ordres religieux, leur enthousiasme n'a pas de limites. Voici ce que saint Grégoire de Nazianze écrivait sur ce point à l'empereur Julien : « Vois-tu, lui disait-il, ces êtres posés sur la terre, et vivant au-dessus de tout ce qui est terrestre ; mêlés aux hommes, et plus grands que ce qui est humain ; assujettis et libres ; dépendants et souverains ; n'ayant rien dans le monde et possédant ce qui est par delà le monde ? Vois-tu ces êtres que la mortification rend immortels, et que la mort unit à Dieu ; étrangers à la convoitise, et brûlant de ce divin amour dont rien n'altère la quiétude ? Ils ont la lumière dans sa source et déjà la voient rayonner. Les cantiques des anges sont leurs chants : la nuit leur est encore un jour : ils y veillent, et leur esprit, ravi dans le Ciel, s'élance pour se perdre en Dieu. Ils sont purs, et sans cesse se purifient : car ils n'assignent point d'avance un terme à leurs progrès : ils ont même la prétention d'être déifiés sans mesure. A peine sont-ils couverts, et leur robe est incorruptible. On dirait qu'ils sont seuls, et ils ont une compagnie céleste. Les voluptés leur sont sévèrement interdites, et les délices où leur âme est plongée défient tous les discours. Leurs pleurs sont un déluge qui noie les péchés et lave les souillures du monde.

Leurs mains étendues pour prier éteignent les incendies, endorment les bêtes féroces, émoussent les épées, mettent les armées en déroute, et finiront, sois-en sûr. ô empereur apostat, par vaincre même ton impiété. »

Au comble de ses vœux, Hiltrude chercha à s'avancer dans la perfection du saint état qu'elle avait choisi. La prière, les jeûnes fréquents, les œuvres de charité faisaient toute la joie de son âme. Pour elle la vertu n'était pas un siège pour s'asseoir, c'était un échelon pour monter. Pendant la nuit, lorsque la cloche de l'abbaye appelait les moines à célébrer les louanges du Seigneur, elle se levait de la natte sur laquelle elle prenait un peu de repos, et venait, dans son oratoire, suivre à genoux le chant de l'office divin. Pendant le jour, après être retournée à l'église, où elle nourrissait son âme de la divine Eucharistie, qui était son véritable pain quotidien, elle donnait son temps aux ignorants, aux malades, aux pauvres. Elle allait à tous ces souffrants. de la part de Jésus, avec les sentiments du Cœur de Jésus, leur portant les soins de ses mains, le sourire de ses lèvres, la tendre pitié de son regard, la vertu de ses saintes paroles. Et ce faisant, elle ne laissait pas de se livrer à la pénitence et à la prière. Il y a dans le monde une foule de cœurs qui sont à Dieu comme de durs métaux : pour qu'il les fonde, il lui faut trouver des fournaises. Hiltrude était au Seigneur une de ces fournaises. Son ministère était celui de l'adoration, de la louange, de l'action de grâces, de la rédemption. Elle aimait la croix, elle y vivait attachée et clouée. Elle était toute pure, marchait dans la lumière, et allait si droit, si ferme, si constamment dans la loi de Dieu, qu'elle demeurait, selon l'expression de David, immaculée dans la voie. Gontard l'y aidait du reste. Souvent elle avait la consolation de s'entretenir avec lui. Dans l'intérieur de l'église, le saint abbé, appuyé contre la grille de son oratoire, lui parlait du ciel et du bonheur que sur la terre on trouve à aimer Dieu, à faire ce qu'il aime, à aimer ce qu'il fait. Ils étaient comme deux miroirs qui, placés en face l'un de l'autre, se renvoient sans cesse et multiplient à l'infini l'image d'un objet placé entre eux. En exprimant leurs pensées sur l'amour divin qui les consumait, ils se renvoyaient, comme des flèches rapides, les émotions de leur âme, et la charité de l'un augmentait sans cesse la charité de l'autre.

Telle fut la vie que sainte Hiltrude mena pendant dix-sept ans. Quand les fruits sont mûrs, Dieu les cueille. La récompense était prête. Une maladie de langueur l'avait consumée peu à peu. Ses parents avaient vu mourir en bas âge les autres enfants que le Ciel leur avait accordés. Berthe, l'épouse de Hugues, avait perdu son mari et s'était retirée dans un monastère. Privés d'autres héritiers, Wibert et Ade avaient donné tous leurs biens à Hiltrude. Sentant sa fin approcher, celle-ci légua, avec leur agrément, ses riches domaines à l'abbaye de Liessies. A sa dernière heure, fortifiée par les sacrements, elle reçut la bénédiction de son père, de sa mère et de son frère. Gontard y ajouta une consolation suprême. Il fit entrer dans sa chambre les religieux du monastère qui se mirent à réciter les prières liturgiques. Pendant qu'ils redisaient ensemble les psaumes par lesquels David sollicitait de la miséricorde infinie la grâce de voir bientôt arriver le terme de son pèlerinage, l'épouse de Jésus-Christ remit paisiblement son âme entre les mains de son Créateur. C'était le 27 septembre 785.

Son corps, enfermé dans un cercueil où, en prévision des besoins de l'avenir, on déposa son testament muni de sceaux en plomb, fut inhumé dans l'église de l'abbaye, près du maître-autel ; et sur la pierre qui le recouvrit, les religieux écrivirent ces simples paroles : *Ici repose le corps d'Hiltrude, vierge de Jésus-Christ, qui mourut le cinquième jour des calendes d'octobre.*

Wibert et Ade ne tardèrent pas à suivre dans le sein de Dieu leur fille bien-aimée : selon leurs désirs, ils furent inhumés au bas de l'église, afin que la vue de leur tombeau inspirât à ceux qui entreraient dans le saint lieu la pensée de dire une prière pour le repos de leur âme. Gontard, qui leur avait fermé les yeux, alla recevoir à son tour sa récompense, et eut sa sépulture au milieu du sanctuaire.

CHAPITRE II

Culte de sainte Hiltrude.

Aux saints il reste une mère qui n'oublie point et ne meurt pas. L'Eglise demeure auprès de leur tombeau, comme la mère devant le berceau de son petit enfant ; et de même que celle-ci se plaît à embellir le berceau de son premier-né de fleurs, de parfums, de riches tentures, de chants et de prières, l'Eglise jour et nuit veille, prie et chante autour du tombeau de ses saints ; elle y suspend en guirlandes les fleurs de toutes les saisons, elle y brûle les parfums de toutes les régions, elle entoure leurs restes précieux de soie, de pourpre et d'or, elle les dépose dans de splendides temples qui effacent les palais des rois. Chaque année, elle remémore le jour de leur trépas qu'elle appelle fort justement leur jour natal. Elle donne à ses nouveaux enfants le nom de leurs aînés, confiant à ceux-ci l'âme de leurs frères. Elle les choisit pour patrons des villes et des villages. Les cités et les villages peuvent mourir et renaître, les peuples s'effacer et se transformer, la mémoire des saints ne périra pas. Tant que l'Eglise, mère indéfectible et toujours féconde, aura des enfants, il y aura pour les saints une fête de famille, des prières sur leurs tombeaux, des héritiers de leurs noms, des imitateurs de leurs vertus, et, s'il est besoin, des défenseurs de leur cause.

La canonisation d'un saint est devenue, par ses formes sévères et somptueuses, l'un des plus grands spectacles religieux. Quand, par des enquêtes poussées aux dernières limites de l'exigence, des vertus héroïques, un pouvoir miraculeux, une perfection irrécusable sont constatés, l'ami de Dieu, pauvre peut-être, pâtre, artisan, mendiant, reçoit du monde chrétien tout entier l'honneur d'une ovation magnifique. Le Père commun des fidèles l'annonce à la Ville et à l'Univers, et Rome, la cité des longs souvenirs, est le premier théâtre d'une allégresse qui fait le tour du globe et traverse tous les âges.

L'Eglise n'a pas toujours ainsi inauguré les saints. Aux siècles passés, c'était aux évêques à en appeler au jugement direct et immédiat de Dieu qui y répondait par le miracle, et aussi au jugement du peuple qui constatait et exaltait les merveilles du Seigneur dans ses saints.

Pour sainte Hiltrude, après une existence si bien remplie, l'hésitation était impossible. On ne sait toutefois rien de précis par rapport à l'époque où elle commença d'être honorée. Le religieux qui a écrit ses actes ne nous parle des hommages rendus à la bienheureuse vierge qu'à dater du onzième siècle.

Il cite d'abord ce fait que raconte aussi J. de Guise dans son histoire du Hainaut. Un certain Fraginaire, de noble race, mais de mauvais instinct, fit présent, avant de mourir, de son cheval de guerre à un prêtre de Liessies, à la condition d'être enterré près de Wibert. Mais à peine ce désir sacrilège était-il réalisé, qu'on entendit la voix des démons qui criaient à Fraginaire de monter à cheval et de s'enfuir, car ils n'osaient l'enlever à cause de la sainteté du lieu. A cette nouvelle, l'évêque de Cambrai défendit de célébrer les saints mystères dans l'église, et bientôt sainte Hiltrude, sortant de sa couche funèbre, apparut pendant son sommeil au prêtre coupable. « Dominique, lui dit-elle, comment avez-vous osé mettre ce cadavre indigne auprès de mes parents, que ce voisinage m'empêche de visiter ! Sachez que si vous ne l'enlevez immédiatement, ce n'est pas impunément que vous aurez commis cette faute. » Le prêtre s'empressa d'obéir. Il fit jeter à la rivière les restes de Fraginaire. Et tout rentra dans le calme. Telle est la première intervention surnaturelle connue de sainte Hiltrude.

Après le règne de Charlemagne et de Louis le Pieux, le partage du grand empire fut fatal à Liessies.

On sait qu'alors les Hongrois traversèrent notre pays comme une trombe qui renverse tout sur son passage. Faisant irruption sur l'abbaye de Liessies, ils y mirent tout à feu et à sang. La plupart des religieux furent égorgés, le monastère détruit, l'église incendiée. Mais, dans cette catastrophe, Dieu veilla sur les restes de sa sainte épouse. Son tombeau fut garanti de la profanation.

Quand les Hongrois furent battus et chassés des terres de France, quelques religieux qui avaient échappé au massacre revinrent s'établir au milieu des ruines de leur couvent. De nouvelles infortunes les empêchèrent toutefois d'y séjourner en paix. Pendant plus d'un siècle, des hommes méchants et rapaces continuèrent auprès d'eux l'œuvre des Hongrois. La désolation régnait aux lieux où s'élevait le monastère. L'église pauvre et délabrée n'avait plus rien qui pût y attirer les rares fidèles du pays. Elle n'était du reste desservie que par un prêtre, auquel plus tard succédèrent quelques chanoines.

Le jour vint cependant où Dieu, dans sa bonté, voulut rendre à l'abbaye de Liessies sa première splendeur. Il se servit pour cela de sainte Hiltrude elle-même. Un grand nombre de miracles s'opérèrent à son tombeau ; des malades y recouvraient la santé ; pendant la nuit, des mélodies formées par des voix aériennes retentissaient dans l'église, et c'était en foule que de tous les points du Hainaut on accourait à Liessies.

Ces prodiges, annoncés à Erluin, évêque de Cambrai, déterminèrent ce prélat à se rendre au monastère pour y faire une information canonique et lever ce corps que le Seigneur se plaisait à glorifier.

La cérémonie fut célébrée avec pompe, au milieu du concours des populations de la contrée, le 12 mai de l'an 1004. Erluin déposa les ossements dans une châsse en bois qu'il plaça derrière le maître-autel.

L'histoire raconte que, dans le cercueil, on retrouva intact le testament dont nous avons parlé, et qu'un des grands seigneurs présents, spoliateur de l'abbaye, croyant que cette pièce était un acte d'accusation contre lui, l'arracha des mains des chanoines et la jeta au feu.

Sans nous arrêter à ces circonstances et aux réflexions qu'elle inspire, nous dirons que ce jour, où l'autorité ecclésiastique donna sa sanction aux hommages rendus par le peuple à sainte Hiltrude, peut être regardé comme celui de sa canonisation. C'est à cette époque qu'il faut placer la date de l'institution de sa fête, ainsi que de l'office célébré pour la glorifier. Comme le 27 septembre, jour de sa mort, coïncidait presque avec celui où l'on honorait saint Lambert, patron principal de l'abbaye, cette fête fut fixée au dimanche dans l'octave de l'Ascension, qui, cette année, tombait le 12 mai.

Une apparition de sainte Hiltrude eut alors pour conséquence la reconstruction de l'église. Ermentrude, épouse d'Adélard, avait confié le soin de sa fille Alvide à une servante nommée Roberge. Sainte Hiltrude, entourée d'anges, commanda à Roberge d'instruire ses maîtres de son désir. « Je n'entends pas bien, répartit celle-ci, l'enfant m'en empêche. » Mais voici que l'enfant tombe malade. Roberge s'en inquiète. Sainte Hiltrude lui apparaît de nouveau et lui dit : « Quand tu auras rempli la mission que je t'ai confiée, l'enfant guérira. » Le lendemain l'enfant était couverte de lèpre de la tête aux pieds. Ermentrude, témoin de la chose, se livre au désespoir. Roberge se décide enfin à rapporter ce qu'elle a entendu et l'enfant revient à la santé.

Rapidement l'église est reconstruite, et Gérard de Florines, évêque de Cambrai, la consacra le 4 mai de l'an 1042. Dans ce nouveau sanctuaire le reliquaire de la Sainte fut déposé au fond du chœur, dans une niche pratiquée au-dessus de l'autel.

Les honneurs rendus à la glorieuse épouse de Jésus-Christ ne tardèrent pas à devenir plus grands encore. En 1095, Thierry, seigneur d'Avesnes, touché de repentir de la faute qu'il avait commise en brûlant les abbayes de sainte

Aldegonde et de sainte Waudru, et aussi en réparation de spoliations exercées par Wederic le Barbu, son père, rappela à Liessies des religieux de l'ordre qu'y avait établi Wibert, et leur restitua une partie de leurs biens en y ajoutant la terre de Féron. On comprend que, confié à la sollicitude de ces hommes de Dieu, le culte de sainte Hiltrude prit un nouvel essor; car, pour les enfants de saint Benoît, il ne s'agissait pas seulement d'entourer de vénération une sainte qui avait vécu dans les lieux qu'ils habitaient et que Dieu rendait de jour en jour plus illustre : cette sainte, étant la sœur du premier abbé de la maison, était en quelque sorte leur sœur à eux-mêmes.

Ade de Roucy, veuve de Thierry, regardant l'église reconstruite par Ermentrude comme trop modeste pour le glorieux dépôt qui y était conservé, la remplaça par une autre d'une étendue plus vaste et d'une architecture plus riche, que son neveu, Barthélemy, évêque de Laon, vint consacrer le 2 mai 1115. Cette pieuse veuve, voulant imiter sainte Hiltrude, abandonna le monde et se fixa à Liessies, où elle se fit construire un oratoire contre l'église, du côté du midi. Elle vécut dans la retraite jusqu'en l'année 1119 et fut inhumée près de son mari, dans le temple élevé par ses soins.

L'exemple de la veuve de Thierry fut suivi par plusieurs dames de renom, parmi lesquelles nous remarquons Agnès de Ribemont, qui vécut jusqu'au 2 mars 1162 et qui fut aussi inhumée dans l'église ; elle avait été l'épouse de Gossuin, seigneur d'Avesnes, qui avait hérité des biens de Thierry, son oncle, mort sans enfants. Non contente de donner, pour célébrer sa fête, des vases sacrés et de riches ornements, Agnès offrit à sainte Hiltrude, en 1128, une châsse du plus grand prix.

On ne lira pas sans intérêt la description de ce chef-d'œuvre d'orfèvrerie, telle que nous l'a laissée l'abbé Brasseur, prêtre de Mons, dans son ouvrage latin sur les reliques de l'abbaye de Liessies.

Cette châsse, en argent massif, affectait la forme d'un tombeau. Chaque côté latéral du sarcophage était divisé en sept arcades romanes, séparées par des colonnes. Les deux extrémités offraient deux grandes arcades du même style, et, sur la partie supérieure qui avait la forme d'un couvercle de tombeau ou d'un toit, se voyaient, outre une sorte de transept, des bas-reliefs sur les plans inclinés des clochetons, et des faîtières sur les extrémités et les arêtes.

Dans son ensemble, cette châsse représentait, en produisant un effet ravissant, la grande idée du Jugement dernier.

Sur la face latérale tournée du côté du peuple, dans la grande arcade centrale, le Christ était assis sur un trône, ayant à sa droite et à sa gauche les instruments de sa

Passion : la croix, la lance et l'éponge. Sur des banderoles on lisait à ses pieds :

Adventus Filii hominis ad judicium.
Avènement du Fils de l'homme pour le jugement.

et au-dessus de sa tête :

Sic veniet reprobis confusio, gloria sanctis.
C'est ainsi qu'il viendra pour être la confusion des réprouvés et la gloire des saints.

Dans les six arcades plus petites, placées à droite et à gauche, assistaient au jugement six Apôtres tenant d'une main les instruments de leur mort et de l'autre le nom de la province ou de la ville qu'ils convertirent par leurs prédications : saint Pierre, saint André, saint Jean, saint Jacques, saint Barthélemy et saint Thomas. Deux vers rappelaient leur triomphe :

Isti viventes in carne, Deumque timentes,
Mundum vicerunt, Christumque sequi studuerunt.
Voici ceux qui, vivant dans la chair et craignant Dieu, ont vaincu le monde et suivi Jésus-Christ.

La partie supérieure de la même face montrait au centre le Tout-Puissant tenant en ses mains des coupes remplies de flammes qu'il épanchait sur l'univers embrasé, avec des Anges sonnant la trompette du jugement dernier, et sur les côtés les morts se réveillant de leur sommeil et sortant des tombeaux. Cette grande et terrible scène était rappelée par ces deux vers :

Cum tuba summa canet, ruet orbis, homoque resurget,
Et corrupta caro, quod permanet, induet esse.

Au son de la trompette du dernier jour, le monde s'écroulera, l'homme ressuscitera et la chair corrompue prendra une vie immortelle.

Sur la face latérale opposée, dans la grande arcade, le Seigneur Dieu jugeait les vivants et les morts, comme le disait cette inscription :

Tremendum judicium Dei.

Redoutable jugement de Dieu.

Et dans les arcades plus petites, aussi avec leurs instruments de mort, se voyaient les six autres Apôtres : saint Paul, saint Jacques, saint Philippe, saint Mathieu, saint Simon et saint Jude, dont les vers suivants rappelaient le rôle au jugement dernier :

Quare, quisque suæ monstrans certamina vitæ,
Judex noster erit, et cum Domino residebit.

Chacun d'eux, montrant les combats qu'il a soutenus sur la terre, sera notre juge et siégera aux côtés du Seigneur.

Plus haut, à la partie supérieure, saint Michel, au centre, pesait les âmes dans sa balance d'or, et les Anges, sur les côtés, conduisaient les ressuscités dans le ciel ou dans l'enfer. Deux vers expliquaient ces bas-reliefs :

Sic simul ad lances nos justitiæ veniemus,
Præmia vel pœnas ubi pro meritis capiemus.

C'est ainsi que tous nous irons vers la balance de la justice, où, selon nos mérites, nous trouverons les récompenses ou les châtiments.

Sur les deux faces de l'extrémité, se voyaient les deux fondateurs de Liessies, Gontard et Hiltrude, récompensés par la gloire céleste, comme le disait ce vers inscrit sur une banderole au milieu de guirlandes de fleurs :

Justitiæ fructum signant hæc serta duorum.

Ces fleurs rappellent les fruits de vie de ces deux saints personnages.

Telle était la châsse offerte à sainte Hiltrude par Agnès de Ribemont, d'un travail merveilleux beaucoup plus riche que la matière dont elle était formée. Elle contenait les ossements de l'illustre vierge renfermés dans une première boite marquetée d'ivoire.

Placée derrière le maître-autel, cette châsse était l'objet vers lequel tournaient les yeux, dans leurs tribulations, les habitants du Hainaut. Chaque jour, disent les Bollandistes, on voyait arriver à Liessies des pèlerins qui, la plupart pieds nus, venaient supplier la vierge bénie de Dieu de les favoriser de son intercession et de leur obtenir la délivrance de leurs maux : spectacle touchant que celui de ces mères désolées portant entre leurs bras des enfants languissants que leur amour et leur foi disputaient à la mort, de ces malades dont la piété avait centuplé les forces, arrivant haletants, après s'être traînés sur une route de plusieurs lieues, de ces infirmes qu'on amenait de loin sur des brancards et que l'on étendait devant le sanctuaire, comme en Palestine on plaçait les paralytiques là où devait passer le Sauveur du monde. Tous ces infortunés regardaient confiants la châsse bien-aimée, avec le ferme espoir qu'il en sortirait une vertu de guérison ; ils baisaient avec transport le petit reliquaire qui renfermait une parcelle des ossements de la Sainte, et terminaient leur pèlerinage par une station à la chapelle de la forêt et à la fontaine miraculeuse.

La foule était bien plus considérable encore le dimanche dans l'octave de l'Ascension et le 27 septembre. Les habitants de toutes les paroisses d'alentour accouraient à Liessies. Chacun voulait servir sainte Hiltrude, baiser sa relique, boire l'eau de sa fontaine, entendre un bon religieux raconter son histoire, et, ayant accompli tous ces actes de dévotion, s'en retournait, sinon heureux, au moins consolé dans ses peines et disposé à devenir meilleur.

Lorsqu'une épidémie ravageait la contrée, la châsse était descendue de l'abside, et les moines la promenaient au chant des psaumes de la pénitence, comme pour purifier l'air par le parfum de sainteté qui s'en exhalait.

On la portait aussi aux cérémonies de la consécration des églises du diocèse, où on l'admirait à côté de celles de sainte Aldegonde, de sainte Waudru, de saint Etton, de saint Humbert, de sainte Maxellende et de tous les saints apôtres du pays.

Quand au XVIe siècle l'abbaye de Liessies fut arrivée à l'apogée de sa gloire, grâce au vénérable Louis de Blois, cet illustre abbé, dont le zèle et la piété pour les reliques des saints égalaient la science et la vertu, ne pouvait point ne pas s'occuper d'une manière spéciale du culte de sainte Hiltrude.

Ayant reconstruit le chœur de l'église dans d'élégantes et larges proportions, Louis de Blois fit donc élever derrière le sanctuaire une chapelle destinée à contenir toutes les reliques des saints, qui par leur nombre et leur vénérabilité formaient la richesse la plus précieuse du monastère.

Dans cette chapelle, notre Sainte occupait la première place. Elle lui était même dédiée, comme le marque l'inscription suivante :

« L'an de Jésus-Christ 1543, cette chapelle fut érigée à sainte Hiltrude, vierge, épouse très chérie de l'Epoux immortel, et à tous les autres saints habitants du Ciel, dont l'église de Liessies se félicite avec joie de posséder les saintes reliques, par un bienfait de Dieu. »

Une autre inscription était placée sur la muraille, à l'emplacement de l'oratoire de la Sainte. Elle était ainsi conçue :

« Hiltrude, vierge, pleine de générosité, fille très douce de Wibert et d'Ade, remarquable par son admirable beauté, mais plus belle encore par son ardent amour pour Dieu, se donna à Jésus-Christ en ce lieu, s'y consacra, et mena dans la solitude une vie heureuse; enfin, son âme étant retournée aux cieux, son corps fut inhumé au côté nord de l'autel. »

La chapelle dont il vient d'être question, chapelle qui servait de trésorerie et qui était même close d'une porte, accordait à notre Sainte des honneurs qui ne lui avaient point encore été décernés. Cependant il semblait que cette chapelle laissât quelque chose à désirer. La châsse précieuse y était bien à l'abri des voleurs, mais, cachée derrière l'autel du chœur, on ne la voyait point. Elle n'apparaissait qu'aux jours de fête, lorsqu'on l'exposait dans le sanctuaire. Les pèlerins souffraient de ne pouvoir prier devant elle.

Pour faire cesser cet état de choses, tout en respectant l'œuvre du vénérable Louis de Blois, les religieux, après la mort de cet illustre abbé, résolurent de séparer la tête de la Sainte du reste des ossements et de la placer dans un reliquaire spécial, qui resterait exposé et fixé dans l'église. Pour procéder à cette opération, ils profitèrent de la visite que fit à l'abbaye un légat du Pape Sixte-Quint, en l'an 1586. Ici nous laissons parler lui-même ce grand dignitaire de l'Eglise, en transcrivant le procès-verbal de la cérémonie.

« François, par la grâce de Dieu et du Saint-Siège apostolique, évêque et comte de Verceil, Nonce avec le pouvoir de Légat *à latere* de Sa Sainteté le Pape Sixte-Quint et du même Saint-Siège pour les provinces, villes et tous autres lieux de la Basse-Allemagne et de la Belgique, nous faisons savoir à tous ceux qui ces présentes liront, et nous attestons que le deux du mois de novembre de l'année dernière, lorsque nous étions allé au monastère de Liessies, de l'ordre de saint Benoît, au diocèse de Cambrai, et que par dévotion nous visitions les reliques sacrées des saints qui sont conservées dans l'église dudit monastère, du consentement du Révérend Père Nicolas, abbé, et en présence d'un grand nombre de vénérables témoins, nous avons ouvert le sarcophage ou fierte de sainte Hiltrude, vierge, et nous avons permis que la tête de ladite

Sainte fût séparée des autres ossements du corps, afin que cette tête fût mise dans une fierte particulière, et nous avons ordonné audit abbé de placer plus honorablement dans une fierte plus convenable les autres ossements du corps, vu notre absence, en présence de ses frères, les moines de Liessies. En foi de quoi, et à la prière qui nous en a été faite, nous avons signé de notre main ce témoignage, et nous avons ordonné d'y apposer notre sceau. Donné à Liège, le dixième de janvier mil cinq cent quatre-vingt-sept, la seconde année du Pontificat de Sa Sainteté le Pape Sixte-Quint. »

Cette pièce est signée :

François,
évêque de Verceil et Nonce apostolique.

Par ordonnance :
J. Anos, *secrétaire de la Chancellerie.*

Au bas de cette pièce il est écrit : « Le susdit ordre donné par le Nonce apostolique a été exécuté solennellement le 29 janvier 1587. Signé : Moi, Nicolas, humble abbé de Liessies. »

Ce document, en nous apprenant que l'on sépara la tête de sainte Hiltrude de ses autres ossements, nous laisse entendre que la châsse donnée en 1128 par l'épouse de Gossuin avait cessé de paraître convenable aux yeux des moines de Liessies. Il n'y a point à s'étonner de cette idée bizarre. On était alors à une époque que l'on a nommée la Renaissance. Une révolution s'opérait dans le goût artistique. Toutes les œuvres du moyen âge, en orfèvrerie comme en architecture, étaient qualifiées de barbares. La richesse des objets, la délicatesse de leur ciselure, les splendides pensées de foi qu'ils exprimaient, les enseignements historiques qui s'y rattachaient, et jusqu'aux noms vénérés de leurs donateurs, rien ne trouvait grâce devant l'engouement du temps, devant ce retour au paganisme. Telle était l'influence de ce siècle, que les plus beaux génies, les âmes les plus catholiques, la subissaient, sans se douter qu'elle était dans les arts un des fruits du protestantisme naissant. Les religieux de l'abbaye ne purent s'en préserver.

Nous ne savons ce que fut en 1586 la châsse qui reçut les ossements du chef de sainte Hiltrude, et sur laquelle apposa son sceau le bon archevêque Louis de Berlaymont; nous n'en savons pas davantage concernant celle dont parle le Légat, et qui, destinée au reste des reliques, devait être « plus convenable » que l'ancienne.

Mais les choses ne vont pas tarder à changer encore.

En 1610, la crosse abbatiale de Liessies fut confiée à Antoine de Winghe, personnage distingué par sa science et ses vertus. Ce prélat fit confectionner pour recevoir la tête de sainte

Hiltrude un buste d'argent, de grandeur naturelle et jusqu'à hauteur de ceinture, représentant l'illustre recluse tenant dans la main droite la lampe des vierges et dans la gauche une palme. Dans le contour de sa base formée de la même matière, des cartouches ciselés exprimaient les principaux épisodes de la vie de la Sainte. On la voyait refusant l'époux qu'on lui destine, fuyant pendant la nuit, recevant le voile des mains de l'évêque, conférant avec son frère, expirant au milieu de ses parents et des religieux, enfin levée de terre en 1004, ce qui était ainsi exprimé : *Sponsum renuit, — nocte fugit, — velum accipit, — frater solatur, — animam reddit, — corpus elevatur.* Derrière on lisait sur une lame d'argent : *Beatæ Hiltrudis, Virginis, Lætiensis dotatricis et patronæ, sacri capitis ossa, opera D. Nicolai Le Francq, abbatis XXXVI, a sacro corpore anno MDLXXXVI separata, curâ D. Antonii de Winghe abbatis XXXVII anno MDCXVIII hâc statuâ ornata inclusa sunt.* Ce qui veut dire : Les os de la tête sacrée de la bienheureuse vierge Hiltrude, donatrice et patronne de Liessies, séparés de son saint corps l'an 1586 par Nicolas Le Francq, 36e abbé, ont été ornés de cette statue et y insérés par les soins du 37e abbé, Antoine de Winghe, l'an 1618.

Après l'érection de la statue, que l'abbé Brasseur dit être d'une grande magnificence, et avoir fait l'admiration de toute la ville de Mons dans une procession anniversaire à laquelle on la porta, le même abbé fit confectionner à Paris, pour le corps de la Sainte, une châsse conforme au goût du temps, qui, dans son élégance, et quoi qu'en dise l'auteur que nous venons de citer, était loin de valoir celle que l'on répudiait. Voici la description qu'en donne l'abbé Brasseur : « Cette châsse, dit-il, est remarquable par sa forme et par le travail des ciselures. Elle a trois pieds de longueur et autant de hauteur. Un ange placé sur le frontispice même de la châsse la surmonte, répandant des fleurs çà et là. Deux inscriptions la décorent. D'un côté : « A sainte Hiltrude, vierge de Liessies, qui, après avoir méprisé les alliances terrestres, a été admise avec les vierges prudentes près du céleste Epoux, et dont le chaste corps est ici déposé. » De l'autre côté : « L'abbé Antoine et les religieux de Liessies ont orné de ce monument l'an 1630 les ossements sacrés de sainte Hiltrude, vierge, leur patronne et leur bienfaitrice, laquelle, par amour pour Jésus-Christ, refusa un époux mortel. Servez le Seigneur dans la joie. »

Les reliques de la Sainte ne furent point immédiatement placées dans cette châsse. Ce ne fut que le 12 mai 1641 que l'archevêque de Cambrai, François Van der Burch, procéda dans la ville de Mons à cette cérémonie, ainsi qu'en témoigne le procès-verbal suivant :

« François Van der Burch, par la grâce de Dieu et du Siège apostolique, Archevêque et Duc de Cambrai, Prince du Saint Empire Romain, Comte du Cambrésis, etc., le douze du mois de mai de l'an mil six cent quarante et un, en présence du Très Révérend abbé de Liessies, Thomas Luytens, et de Ladislas Jonart, doyen, chanoine de l'église métropolitaine et vicaire général du susdit archevêque, a transféré les reliques sacrées de sainte Hiltrude, vierge, d'une châsse antique dans la présente, dont le Très Révérend Antoine de Winghe, abbé dudit monastère, de pieuse mémoire, a ordonné la confection. Fait à Mons en Hainaut, les an, mois et jour ci-dessus, sous notre signature et notre sceau. Signé : François Van der Burch, archevèque de Cambrai. »

Lors de ces diverses translations, quelques ossements furent distraits du saint corps. L'un d'eux fut donné aux chanoines de Saint-Pierre de Douai, et les autres, déposés dans un reliquaire, furent conservés dans la chapelle de la maison dite Refuge que les religieux possédaient dans la ville de Mons.

Vers cette même époque, ceux-ci firent peindre pour leur église quatre grandes toiles représentant sainte Hiltrude refusant d'accepter un époux, fuyant à travers la forêt, recevant le voile des vierges, et s'entretenant avec son frère. Ces tableaux furent, dit-on, peints par Crayer. Ces grandes et magnifiques toiles ont été restaurées en 1878 par M. Guinet Gérard, sous l'habile direction de M. Vallez, curé de Liessies, et ornent l'église paroissiale actuelle.

Terminons ce chapitre en disant que sainte Hiltrude avait son office et sa messe propres, que la fête du dimanche dans l'octave de l'Ascension se faisait à l'abbaye avec vigile et octave, et que la fête du 27 septembre, dont les religieux ne célébraient que la mémoire, était fort solennelle dans les paroisses du diocèse auxquelles elle était concédée.

Voici la collecte de la messe de sainte Hiltrude :

« O Dieu qui, en vue de la couronner de gloire dans le Ciel, avez allumé dans le cœur de votre épouse chérie la bienheureuse vierge Hiltrude un feu qui la pénétra de mépris pour le monde et d'amour pour vous sur la terre, daignez nous accorder, par ses mérites et son intercession, la grâce de mépriser les vanités du siècle et de soupirer sans cesse après les biens de l'éternité. Nous vous le demandons par Jésus-Christ Notre-Seigneur. »

CHAPITRE III

Miracles de sainte Hiltrude.

La mission des Saints ne se termine pas avec leur vie. Là où cessent d'agir les simples mortels, ils commencent une nouvelle carrière plus admirable et plus féconde que celle qu'ils ont parcourue pendant les courtes années de leur pèlerinage. Consommés dans la gloire et la félicité, ils intercèdent pour nous, ils veillent sur nous, ils reçoivent de Dieu des mandats qui engagent en quelque sorte leur vie céleste dans notre vie terrestre. Nous sommes leurs clients, ils sont nos protecteurs.

Sainte Hiltrude eut cette gloire.

Mais, avant de raconter les miracles de l'illustre vierge de Liessies, expliquons avec l'Ange de l'Ecole saint Thomas ce qu'est le miracle.

Un miracle, dit le grand théologien, est un acte de la puissance divine accompli en dehors des lois de la nature. D'où il suit que le miracle ne suspend pas telle ou telle loi de la nature, il en fait tout simplement cesser l'application dans un cas particulier par l'intervention d'une autre loi, et c'est cette intervention insolite, extraordinaire, sortant de l'ordre établi, qui constitue le miracle, parce que l'auteur de la nature peut seul contrevenir à cet ordre. C'est un fait qui étonne jusqu'à l'admiration, non pas parce que son origine échappe aux conceptions des hommes vulgaires, mais parce qu'elle est un mystère pour tous, même pour les savants, qui ne peuvent lui assigner aucune des causes connues. Il varie de forme, d'application, de valeur, selon les effets qui se produisent : mais sa nature reste la même, et toujours il dérive du même principe : de Dieu agissant par un acte réservé. Dieu arrête le soleil, il transforme la matière, il lui communique des propriétés qui semblent n'appartenir qu'aux esprits : voilà le sommet des prodiges, le miracle de premier ordre; car en aucune manière la nature ne peut opérer de pareilles choses. La nature donne la vie; c'est elle qui fait sortir la plante de la prison où elle l'avait renfermée, la pousse jusqu'à la surface de la terre et lui ouvre avec d'infinies délicatesses les mille petites bouches par lesquelles elle respire; c'est elle qui fait éclore les germes mystérieux d'où s'échappent tous les êtres qui se meuvent ici-bas, depuis le plus obscur, le plus faible, le plus disgracié, jusqu'à celui qui commande et tient tout à ses pieds. Mais en cela Dieu la surpasse, car la nature ne peut rien sur tout ce que la mort a frappé : ses forces se rebutent contre un cadavre. Dieu, au contraire, le saisit, le relève et le renvoie au milieu des vivants : c'est le miracle de second ordre. Enfin, la nature, par une marche lente et méthodique, une succession d'actions et de réactions, peut guérir certaines infirmités. Dieu la surpasse en supprimant la durée de ses opérations et en faisant succéder, dans un seul instant, la santé à la maladie : c'est le miracle de troisième ordre, le plus petit de tous.

Ceci posé, nous allons raconter les principaux miracles obtenus par l'intercession de sainte Hiltrude.

Avant de commencer, nous ferons remarquer que la tradition de tous les faits merveilleux qui honorent notre bonne Sainte ne nous est point parvenue, et qu'il est fort regrettable que l'auteur n'ait pas cru devoir prendre soin de nous conserver tout ce qu'il savait à cet égard. Comme ces faits étaient sans doute très connus au temps où il écrivait, il s'est contenté de signaler les plus saillants, en ajoutant : « Si nous voulions les raconter tous, la journée finirait avant que nous cessions de parler. »

Nous ne reviendrons pas sur ce que nous avons dit des mélodies angéliques dont retentissait, pendant le silence de la nuit, la modeste église de Liessies, lorsque Dieu voulut révéler à la terre la gloire céleste de l'illustre vierge. Nous ne dirons rien non plus des révélations par lesquelles la pieuse Ermentrude, épouse d'Adélard, fut invitée à reconstruire le sanctuaire dans lequel notre Sainte reposait encore en son tombeau. Nous arrivons aux faits dont la date doit se placer peu de temps après que le saint corps fut levé de terre par l'évêque Herluin.

Une bande de malfaiteurs des environs de la ville de Beaumont s'était jetée sur le village de Liessies. Non contents d'avoir envahi toutes les habitations et de les avoir pillées, ces malheureux, avant de se retirer avec leur butin, les avaient livrées aux flammes. La désolation était à son comble, on ne savait par quel moyen conjurer ce dernier fléau qui ruinerait tout le village. Déjà l'incendie dévorait les bâtiments qui avoisinaient l'église; et les efforts que l'on faisait pour l'arrêter étaient impuissants, lorsque deux religieux, pleins de confiance en Dieu et en sainte Hiltrude, prirent sur leurs épaules la châsse dans laquelle ses reliques étaient renfermées, et s'avancèrent avec ce pieux fardeau vers l'endroit où le feu se montrait plus violent. Tout à coup ils se trouvèrent enfermés dans une petite rue voisine de l'abbaye. La flamme les cernait de toutes parts, et elle s'étendait vers l'église qu'elle menaçait d'atteindre. En ce moment, ils s'arrêtèrent et, levant les yeux au ciel, ils s'écrièrent à haute voix : « O vierge Hiltrude, très sainte épouse de Jésus-Christ, et notre puissante protectrice, permettrez-vous que vos ossements sacrés soient ainsi consumés et réduits en cendres ? C'est un dépôt que nous vous confions, soyez-en la gardienne, tout dépend maintenant de vous. » Cette fervente prière était à peine achevée, que les flammes se rejetèrent du côté opposé, et s'éteignirent rapidement comme sous l'action d'une pluie abondante.

Vers le même temps, une épidémie exerçait dans la contrée les plus affreux ravages. C'était une maladie qui enlevait toute force à ceux qu'elle atteignait, et tel était l'affaiblissement dont elle les frappait, qu'en moins de vingt-quatre heures ils avaient cessé de vivre. Des habitants de Rance, village situé entre Chimay et Beaumont, pleins de confiance en l'intercession des Saints du pays, avaient promis le pèlerinage à saint Etton et à sainte Hiltrude. Après avoir visité l'église de Dompierre, ils faisaient route vers Liessies, lorsqu'un jeune homme de leur société fut atteint de la maladie. Ils se hâtèrent de le porter devant la châsse de sainte Hiltrude, et, en priant pour obtenir sa guérison, ils firent le vœu de revenir chaque année. Ce vœu était à peine formulé, que le malade recouvra ses forces, et put reprendre le chemin de Rance où il rentra en exaltant la puissance de l'intercession de sa glorieuse bienfaitrice.

Frappés de cette guérison, les religieux, pour procurer aux habitants de tout le pays la faveur de prier devant les saintes reliques sans s'assujettir à une fatigue qui par elle-même pouvait déterminer une attaque de cette maladie aussi funeste qu'inconnue, décidèrent qu'ils descendraient la châsse et qu'ils la porteraient à travers tous les villages. Dans leurs pérégrinations, ils étaient arrivés à Rance, où la guérison du jeune homme avait ranimé les sentiments de confiance en la vierge vénérée. Un homme, atteint du fléau, était malade au point que ses parents, qui lui prodiguaient tous les soins possibles, désespéraient de sa vie. Tout à coup cet homme s'endort doucement, et pendant son sommeil il lui semble qu'on l'invite à se lever et à se présenter au-devant du corps de sainte Hiltrude. A son réveil il raconte à ceux qui l'entourent la vision dont il vient d'être l'objet, et se dispose à se lever. Ses parents, à ce récit, se persuadent que sa raison s'égare et que c'est là un symptôme de fin prochaine. Ses instances réitérées et la crainte d'augmenter par un refus ses douleurs trop violentes les déterminent à le conduire sur le seuil de la maison. Au même moment, ils entendent dans le lointain la sonnette qui annonçait le passage de la châsse. Tous étaient surpris déjà de cet accomplissement de la première partie de la vision : mais quel ne fut pas leur étonnement, quand ils virent le malade reprendre vigueur et se diriger vers la châsse ! Prosterné par terre, il implore avec ferveur la protection de la sainte patronne de Liessies, et soudain il se trouve guéri.

Une femme de Trélon était atteinte de frénésie. Toujours furieuse, elle mettait en pièces tout ce qu'elle pouvait saisir, et se déchirait elle-même. Dans leur douleur, ses parents songèrent à demander sa guérison à sainte Hiltrude. Ils la lient sur un chariot et l'amènent à Liessies. Arrivés près de l'église, ils descendent cette infortunée et courent prier le sacristain de venir ouvrir la porte. Comme celui-ci tarde à se rendre à leurs désirs, ces pieux chrétiens se mettent à genoux et adressent leurs prières à celle dont ils attendent la salutaire protection. A peine leur prière est-elle commencée, que la malade, toujours chargée de ses liens, s'endort. Croyant que ce sommeil est l'effet de la fatigue du voyage, ils la transportent dans une maison voisine ; mais bientôt celle-ci s'éveille, elle annonce qu'elle a recouvré la santé, et, jouissant d'une entière lucidité d'esprit, elle s'avance vers l'église, où elle offre des actions de grâces à sainte Hiltrude, qui lui a obtenu un bienfait si marquant.

En l'année 1231, trois jeunes filles d'Anor se trouvaient dans un état si affreux de faiblesse et de délire qu'on les croyait possédées du démon. On les amena à Liessies, et on les plaça devant la châsse de sainte Hiltrude, avec la confiance qu'elles y recouvreraient avec la guérison la force de retourner à pied chez elles. D'abord elles souffrirent beaucoup, et furent bien confuses d'être dans un tel état devant le peuple qui les considérait. Leurs souffrances étaient si grandes qu'elles ne gardaient plus d'espoir. Mais peu à peu un mieux s'opéra en elles, et bientôt elles furent complètement guéries. Le peuple en les voyant délivrées ne put contenir sa joie, et tous ceux qui étaient là, levant les mains, bénirent à haute voix Dieu toujours admirable dans ses Saints.

En l'an 1400, un pâtre qui gardait un troupeau, étant entré dans les roseaux qui bordaient la rivière, s'embourba et finit par tomber dans la vase. Comme il n'y avait personne pour lui porter secours, il succomba à la suffocation. Ne le voyant point revenir et devinant un malheur, ses parents se mirent à sa recherche. Après avoir exploré tous les lieux, ils le trouvèrent enfin étendu raide et sans vie dans le limon. Au bruit de l'accident, la foule accourt, on le retire du bourbier, et, en implorant sainte Hiltrude, on le transporte à l'église. Là sa chair se réchauffe et se ranime, ses joues reprennent peu à peu leur couleur empourprée, son cœur bat, il ouvre les yeux et se lève comme si rien ne lui était survenu.

Le même accident arriva en l'an 1428 à un jeune enfant de Liessies qui jouait auprès d'une fosse pleine d'eau. Quand on le retira froid et livide, sa mère le saisit dans ses bras, et, au lieu de s'abandonner au désespoir, pleine de confiance en sainte Hiltrude, elle se rendit à l'église, et, l'exposant devant la châsse, elle demanda à la compatissante vierge de lui rendre la vie. Beaucoup de personnes accourues sur les pas de cette mère chrétienne joignent leurs prières à la sienne. Chacun regarde l'enfant, et voilà qu'on le voit bientôt agiter ses lèvres, qu'on l'entend exhaler un soupir, et qu'enfin il sort comme d'un profond sommeil, considérant avec étonnement ceux qui l'entourent, et qui, à haute voix, bénissent et acclament la bonne Sainte, dont l'intercession l'avait arraché au trépas.

La même année, un religieux en route pour Solre-le-Château tomba dans un précipice où sûrement il devait être tué. En tombant, il invoqua sainte Hiltrude. On le retira sain et sauf du précipice, à l'admiration de tout le monde.

En l'an 1429 il y avait à l'abbaye de Liessies un portier qui était sourd. Tant que son infirmité lui permit de remplir les devoirs de sa charge, les religieux le conservèrent : mais, augmentant de jour en jour, elle finit par devenir une surdité complète. Des plaintes s'élevaient contre lui. Il avait été cause de quelques erreurs importantes. Il fut reconnu incapable de continuer son service. Le Père abbé le manda, et lui fit entendre par signes qu'on avait pourvu à son remplacement. Ce brave homme, à cette nouvelle, est navré de douleur. Il forme un paquet de ses vêtements ; mais, en les rassemblant, il lui vient une pensée, celle de demander à Dieu par l'intercession de sainte

Hiltrude la guérison de sa surdité. Il fait ses prières avec confiance, se couche et s'endort. Au milieu de la nuit, poursuivi et agité par la tristesse que lui cause son renvoi, il s'éveille, et, soupirant, il dit du fond du cœur : « Bonne sainte Hiltrude, j'espérais depuis longtemps demeurer dans votre maison et y finir mes jours, et voilà que je suis devenu comme une branche desséchée que l'on coupe et que l'on jette au loin. Quel malheur de m'en aller, de me séparer des serviteurs du monastère ! Ah ! sainte vierge de Jésus, je vous en supplie, ayez compassion de ma misère, et venez à mon secours ! » Tout en répétant douloureusement : Venez à mon secours ! il se rendort. Le lendemain, quand il se lève, la grâce l'a visité. Il entend très distinctement les plus légers bruits qui frappent ses oreilles. Il est complètement guéri. Il court de tous côtés annoncer la merveille, racontant à tous la confiance qu'il a eue en sainte Hiltrude, la prière qu'il lui a adressée, toute la reconnaissance qu'il lui doit.

En 1612, sainte Hiltrude apparut en songe à une dame de Venise, dont le frère, Mgr Jean-Baptiste de Moronato, aumônier de la reine de France, était en même temps abbé du monastère de Saint-Michel en Thiérache. Jamais cette dame n'avait entendu parler de sainte Hiltrude. Mais ce premier témoignage de ses faveurs lui inspira pour elle une si grande dévotion qu'elle la choisit pour sa patronne particulière. Huit ans plus tard, cette dame fut attaquée d'une violente maladie, qui en peu de temps la mit à deux doigts du tombeau. Les médecins désespéraient de la sauver, et sa famille attendait à chaque instant le moment douloureux d'une suprême séparation. Tout à coup la malade se sentit envahie par un doux sommeil qu'on regarda comme un pronostic de mort très prochaine. Pendant ce temps, la sainte Vierge se montra à elle, accompagnée de sainte Hiltrude, et l'assura qu'elles avaient demandé à Dieu de la guérir. Au même instant, la dame se réveille et prononce en italien ces paroles : « Grâce ! grâce ! la Mère de Dieu et ma patronne du Hainaut m'ont obtenu la vie. » C'était vrai. La malade était complètement rétablie. Mgr de Moronato écrivit à cette occasion à l'abbé et aux religieux de Liessies une lettre relatant toutes les particularités de cette guérison merveilleuse. Lui-même, s'étant rendu quelque temps après à Venise dans sa famille, présenta à sa sœur une image de sainte Hiltrude. A peine l'eut-elle vue, que, reconnaissant la figure de celle qui lui était apparue avec la très sainte Vierge Marie, elle s'écria : « Voilà bien le portrait de ma puissante patronne ! » Peut-être Dieu voulut-il récompenser de cette manière la bienveillance que le frère de cette dame avait toujours témoignée à l'abbaye de Liessies, et les services importants qu'il lui avait quelquefois rendus.

Un autre miracle se fit en la personne du chanoine Levach, doyen d'Avesnes. En l'an 1662, ce digne ecclésiastique se trouvant à Bergues-Saint-Winoc près du baron de Vangue, gouverneur de la Place, son ami intime, y fut attaqué d'une fièvre très violente qui ne le quitta pas pendant plus de six mois. Déjà ses forces étaient presque entièrement épuisées, et les médecins n'osaient plus espérer sa guérison, lorsqu'il lui vint en pensée de la demander à Dieu lui-même par l'intercession de sainte Hiltrude. Peu de jours après, il était parfaitement remis de sa maladie. De retour à Avesnes, le chanoine Levach alla à Liessies célébrer une messe d'actions de grâces, à l'autel de sainte Hiltrude, et y déposa en même temps cette pièce de vers qu'il avait composée en l'honneur de sa puissante protectrice :

Febribus infirmor nunc a sex mensibus et plus,
Et totum corpus non nisi languor habet.
Exanimi misero quoties Bergis mihi secta
Vena fuit, pulsus nec fuit inde bonus.
Sanguis concretus, raucæ suspiria vocis
Venturæ mortis prævia signa dabant.
Ah ! quoties putridis pectus squaloribus arsit,
Et clausit oculos lacryma falsa meos !
Incertus vitæ, certo vicinus agoni,
Hiltrudi sanctæ tunc mea vota dedi.
Vix ea fatus eram, quando (mirabile dictu)
Febris cessavit, factaque tuta salus.
Quas igitur referam pro tanto munere grates ?
Unum pro cunctis fama loquatur opus !

Un poète, dont le nom ne nous est pas connu, a traduit ainsi cette pièce de vers :

Levach, étant à Bergues, invoqua sainte Hiltrude
Pour être délivré d'une fièvre très rude
Qui le ronge et l'abat depuis plus de six mois.
Il gémit, il languit, il se trouve aux abois.

Une triste pâleur s'étend sur son visage,
Ses yeux même déjà se couvrent d'un nuage,
Et ne conservent plus de leur vivacité
Que le mourant éclat d'une sombre clarté.

Levach a beau purger, se faire ouvrir la veine,
Son pouls n'est pas meilleur, sa mort paraît certaine.
Il se trouve accablé, son cœur est languissant
Par un frisson mortel qui lui glace le sang.

Enfin, quoiqu'il défaille et soit à l'agonie,
Il s'adresse à la Sainte et demande la vie.
A peine a-t-il offert ses vœux d'un tendre cœur
Qu'il voît renaître en lui sa force et sa vigueur.

Quelle reconnaissance et quelle action de grâce
Rendra-t-il à la vierge, ô prince du Parnasse,
S'il n'invite à chanter par des échos divers
Sa gloire et ses vertus en tout cet univers !

Nous ne pouvons mieux, nous semble-t-il, terminer ce chapitre qu'en mettant dans la bouche de sainte Hiltrude cette parole de Notre-Seigneur dans l'Evangile :

« O vous qui souffrez, qui êtes comme accablés sous le poids d'un fardeau, venez tous à moi, et je vous soulagerai. »

CHAPITRE IV

Malheurs et consolations.

Dix siècles s'étaient écoulés depuis que l'âme de la chaste fille du comte Wibert jouissait au Ciel du prix de ses vertus. Il y en avait huit que son corps retiré du tombeau avait reçu les honneurs que l'Eglise rend aux ossements de ses saints. Les années, en se succédant, avaient enrichi sa couronne de nouveaux joyaux. Les générations anciennes avaient dit sa gloire aux générations nouvelles. Toutes, tour à tour, s'étaient prosternées devant elle, lui avaient adressé leurs prières et leurs vœux. Pas de pauvre qui ne l'eût invoquée, pas de malade qui n'eût prononcé son nom avec confiance et amour! Elle était de fait et de droit la gloire de Liessies, la joie du Hainaut, l'honneur du peuple ! Qui eût pensé qu'après dix siècles viendrait une génération d'hommes qui voulussent détruire le culte rendu à sainte Hiltrude et vouer son nom à l'oubli ?

Au IXe siècle, des barbares, tombant sur Liessies, avaient ruiné et incendié le monastère. Mais le fer et le feu des barbares avaient respecté le tombeau de la bienheureuse vierge. La maison de prière s'était relevée de ses ruines. Trois fois le sanctuaire s'était reconstruit plus spacieux et plus riche. Les beaux-arts avaient été appelés à créer des merveilles destinées à renfermer les ossements de celle que Dieu glorifiait. De hauts et puissants personnages avaient sollicité comme une grâce la faveur de baiser avec vénération ses saintes reliques. Qui eût pensé qu'après neuf siècles viendraient des barbares qui, plus furieux que les hordes du Nord, se jetteraient sur l'abbaye et la détruiraient de fond en comble, dépouilleraient la bienheureuse vierge de sa parure et fouleraient aux pieds ses ossements comme un objet sans valeur ?

Nous ne dirons rien de cette lamentable époque qui vit dans toute la France mettre à néant l'œuvre des siècles. Nous ne voulons envisager que notre sujet.

Expulsés de leur maison par ordre du gouvernement révolutionnaire, les moines de Liessies voulurent, avant leur départ, remplir un devoir qu'ils regardaient comme sacré entre tous, celui de mettre en sûreté le corps de sainte Hiltrude. Ils déposèrent entre les mains du curé de la paroisse la châsse et le buste d'argent renfermant les reliques, sous la condition que ces saints objets leur seraient restitués lorsqu'eux-mêmes rentreraient dans leur monastère.

Mais le décret du 13 février 1790, qui supprimait en France les ordres religieux, n'était que le commencement de la tempête. La Révolution, dans sa haine contre la foi catholique, avait décidé de ne rien respecter de ce qui appartenait à la religion.

Les châsses de sainte Hiltrude ne furent même pas épargnées. Il les fallait à l'impiété triomphante qui comptait des adeptes jusque dans les hameaux. Armés du décret rendu le 3 mars 1791, des hommes de Liessies et de Willies se présentèrent à l'église, et, à l'aide de marteaux, de ciseaux et de tenailles, ils brisèrent la châsse et la statue de leur bienfaitrice séculaire. Cette sacrilège profanation est constatée dans le procès-verbal signé de ceux qui l'accomplirent, procès-verbal conservé aux archives de la commune, dont voici la teneur :

« Ce jourd'huy cinq (le mois n'est pas indiqué) de l'an dix-sept cent quatre-vingt-treize, les maire et officiers municipaux de Liessies, soussignés, en exécution de la loi qui enjoint aux municipalités de faire inventaire des argenteries des églises qui sont inutiles au culte, d'en constater le poids et ensuite les remettre au chef-lieu du district, ont procédé à l'inventaire des dites argenteries existantes dans l'église paroissiale de Liessies, en la forme et manière suivante : savoir :

Article Ier, le buste de sainte Hiltrude consistant en les pièces suivantes d'argent :

n° 1, le chef pesant trois livres, deux quarts, trois onces,

n° 2, une pièce servant de poitrine, pesant huit livres trois quarts,

n° 3, une autre pièce servant de dos, pesant cinq livres, deux quarts, deux onces,

n° 4, une autre pièce servant de voile, pesant quatre livres, deux onces,

n° 5, les deux bras pesant ensemble cinq livres, un quart, deux onces,

n° 6, quatre pièces en forme de guirlandes, pesant une livre, trois onces,

n° 7, un livre, une croix et une tête d'ange, pesant le tout deux livres.

Article IIe, la châsse de ladite sainte aussi en argent :

n° 1, le dôme avec ses ornements, pesant trente et une livres deux quarts,

n° 2, le coffre formant l'enchâssement, pesant quarante-six livres,

n° 3, deux anges pesant ensemble onze livres, trois onces,

n° 4, deux brastes pesantes ensemble trois livres, trois onces,

n° 5, une console et un tuyau pesant le tout seize livres,

n° 6, deux têtes d'anges et une couronne pesant le tout deux livres, trois quarts, une once,

n° 7, vingt-deux pièces d'ornements pesant ensemble deux livres, trois quarts, deux onces, n° 8, cent quarante et une pièces en écrous et découpures pesant trois quarts, trois onces,

n° 9, quatre petites guirlandes pesantes ensemble deux quarts, deux onces.

Dont le total général est cent quarante-cinq livres, trois quarts, deux onces. »

Briser et mettre en pièces la châsse et la statue, en s'égayant de stupides plaisanteries, n'était pas assez pour ces vandales. Il fallait porter l'impiété encore plus loin. L'un d'eux prit dans sa main le chef de la Sainte, qui, enveloppé d'une soie blanche, était renfermé dans le buste, et, avec un ignoble quolibet, il le jeta par terre.

Mais à côté de l'impiété triomphante, la piété veillait triste et silencieuse.

Un homme qui, dans la prévision de ce sacrilège, avait suivi les spoliateurs, ramassa furtivement la relique et la conserva. O digne chrétien, quel n'est point notre regret d'ignorer votre nom ! Avec quel bonheur nous l'inscririons ici, en vous donnant les bénédictions que Dieu adressait à ceux qui, sur les monts de Gelboë, avaient enseveli honorablement les restes de Saül et de Jonathas !

Quand l'œuvre de destruction fut consommée, les commissaires emportèrent leur butin, laissant intact, soit par oubli, soit par un reste de respect, le coffre en bois qui contenait le corps de sainte Hiltrude. Trop fiers du poids d'argent qu'ils allaient présenter au district, en échange sans doute du titre de bons citoyens, ils ne s'inquiétèrent pas du reste. Dieu ne permit point qu'une suprême injure fût faite à la vierge, son épouse. Il ne permit point qu'une main impure touchât les ossements de ce chaste corps.

Dépouillé de sa riche parure, le corps de la Sainte fut déposé dans la sacristie de l'église paroissiale de Liessies et y demeura pendant tout le cours de la Révolution.

En ces jours mille fois néfastes par tant de crimes et de folies, les bons habitants de Liessies ne perdirent pas de vue leur antique patronne. Pendant que les ruines s'amoncelaient là où avait été l'abbaye, une pensée faisait tout à la fois leur consolation et leur espérance : leur sainte Hiltrude leur restait. Ils invoquaient son nom dans leurs prières, et s'il ne leur était pas possible de poser respectueusement leurs lèvres sur le bois qui renfermait ses reliques, ils ne manquaient pas de se diriger vers la chapelle de la forêt, où, après s'être assurés qu'un œil ennemi ne les apercevrait pas, ils s'agenouillaient pieusement, et leurs supplications étaient d'autant plus ferventes que, pour se les permettre, ils devaient braver les plus terribles menaces. Quelquefois, dans l'ombre de la nuit, on eût pu remarquer quelque dévot étranger se glissant à travers les sentiers détournés, s'acheminant vers la fontaine et y puisant de l'eau qu'il reportait ensuite précieusement à ses enfants et à sa femme que la fièvre consumait.

Enfin le Ciel eut pitié de la France. L'heure de la délivrance arriva.

Un des premiers soins du prêtre chargé de l'administration de la paroisse de Liessies fut de replacer le reliquaire dans l'église.

Singulière coïncidence ! Le rétablissement du culte de sainte Hiltrude eut lieu dans le temps où devait se célébrer le huitième centenaire de son origine.

Comme aux anciens jours, les reliques n'eurent d'autre ornement qu'un coffre de bois que l'on plaça contre l'abside, au-dessus de l'autel, ainsi que l'avait fait l'évêque Erluin.

Peu de temps après, l'évêque de Cambrai, Louis Belmas, en passant à Liessies, examina ce coffre, et, en autorisant de le laisser où on l'avait mis, il recommanda de le conserver avec soin.

Chaque année, le 27 septembre, jour assigné par le prélat pour la célébration de sa fête, on l'exposait dans le chœur, sur un piédestal, au milieu d'un brillant luminaire, et il y recevait les hommages de la piété. A la fête du Saint Sacrement, les jeunes filles l'ornaient de rubans, de fleurs et de bijoux, et quatre d'entre elles étaient justement fières de le porter à la procession.

Ainsi se passèrent les choses jusqu'à la visite du cardinal Giraud, en 1842. Le coffre fut mis sous les yeux du pieux archevêque, et comme il se trouva que les serrures avaient été forcées et que la tête était séparée des autres ossements, le cardinal ordonna de faire sur ces reliques une enquête juridique, et nomma commissaire à cet effet André-Joseph Coppée, curé de Liessies.

Plus tard, celui-ci portait la fierte à l'archevêché et remettait entre les mains du cardinal Giraud, outre les authentiques signés de l'évêque de Verceil, de Louis de Berlaymont, et de Van der Burch, les trois pièces suivantes :

I. Déclaration de Jean-Charles Meurant.

L'an mil huit cent quarante-quatre, le neuf du mois de septembre, je soussigné, André-Joseph Coppée, curé de Liessies, décanat de Solre-le-château, diocèse de Cambrai, déclare m'être rendu au domicile de Jean-Charles Meurant, âgé de quatre-vingt-douze ans, ancien jardinier du monastère de Liessies, et nommé immédiatement après la Révolution membre de la Fabrique par Monseigneur Belmas, évêque de Cambrai ; lequel a déclaré, sur la foi du serment, que le coffre qui renferme actuellement les reliques de sainte Hiltrude est le même que celui qui a été remis par les religieux lorsqu'ils ont quitté l'abbaye, et qui était renfermé dans la châsse d'argent transmise au district d'Avesnes ; que ce coffre a été conservé dans la sacristie de notre église paroissiale, durant les jours malheureux de la Révolution, et qu'il sait qu'aucune substitution ni profanation des saintes reliques n'a pu avoir lieu.

En foi de quoi j'ai signé le présent procès-verbal avec le déclarant, les jour, mois et an que dessus.

Signé : André-Joseph COPPÉE,
curé de Liessies.
J.-C. MEURANT.

II. Déclaration de Thérèse Bronchain.

L'an mil huit cent quarante-quatre, le quinze du mois de septembre, je soussignée, Thérèse Bronchain, veuve d'Antoine Louis, déclare que lors de l'enlèvement de la châsse d'argent de sainte Hiltrude, ceux qui ont enlevé le buste qui renfermait le chef de la vierge ont jeté les os par terre, et qu'un pieux fidèle s'est empressé de les recueillir dans un linge de soie blanche, ce que j'atteste sous la foi du serment.

A Liessies, le 15 septembre 1844.

Signé : Thérèse BRONCHAIN.

III. Déclaration du curé Détourmignies.

Je déclare que l'an mil huit cent trente-huit, étant vicaire à Liessies, j'ai fait ouvrir en ma présence, par l'ordre de Monsieur Delautre, vicaire général, un coffre dans lequel se trouvaient les reliques de sainte Hiltrude, et que j'ai tout trouvé dans un état propre à constater l'authenticité de ces reliques.

Lesdain, le 4 octobre 1844.

Signé : DÉTOURMIGNIES, *curé.*

Après l'inspection de ces pièces, il fut constaté que les reliques étaient intactes, que la tête était bien celle qui était renfermée dans la statue d'argent, et qui, sauvée par un pieux fidèle, avait été restituée. Le cardinal Giraud reconnut de nouveau l'authenticité du saint corps. Les ossements furent laissés dans la peau de daim qui leur servait comme de linceul, et la tête déposée dans une enveloppe de soie blanche. Les sceaux de l'archevêché furent appliqués sur l'un et l'autre de ces trésors, et le tout fut replacé dans l'ancienne fierte de bois de noyer, avec les parchemins de l'évêque de Verceil, de Louis de Berlaymont, et de François Van der Burch. Au bas de ces derniers, on ajouta sous le nouveau sceau archiépiscopal : Nous avons vu et reconnu lesdites reliques, et nous avons permis de les exposer à la vénération des fidèles. Cambrai, le 25 août 1846. Philippe, vicaire général. Par mandement, Deleforterie, chanoine, secrétaire.

Avant de sceller ces reliques, le cardinal Giraud en sépara deux parcelles, l'une provenant des ossements, l'autre provenant du bras, et les authentiqua. La première fut mise dans un reliquaire qui sert de baiser de paix; la seconde dans un autre reliquaire que l'on présente à la vénération des pèlerins le jour du grand pèlerinage.

Pour être exact et complet et n'y plus revenir, disons de suite que tout récemment, le 19 juillet 1900, Mgr Sonnois détacha du corps de la sainte un ossement pour la paroisse de Merlemont, au diocèse de Namur, où, d'après une tradition populaire respectable, la bienheureuse vierge aurait habité quelque temps.

Le zèle du curé Coppée ne s'arrêta pas là. Son cœur lui disait que l'œuvre réparatrice ne serait accomplie que quand les saintes reliques auraient retrouvé une parure qui ferait oublier les profanations commises aux jours mauvais. Il fit donc un appel à ses paroissiens, qui comprirent que, pour eux aussi, il s'agissait d'un devoir. Et, aidé de leurs offrandes généreuses, il lui fut permis, en 1849, d'acheter une belle châsse en bronze doré, dans laquelle il déposa la fierte antique.

Cette déposition eut lieu le 5 juin, et s'accomplit au milieu des splendeurs de la plus belle fête dont Liessies fut jamais le théâtre. Ce jour-là, le village se para comme pour un de ces heureux événements qui font époque dans l'histoire. Toutes les rues sont jonchées de verdure, toutes les façades des maisons sont garnies de tentures blanches et de guirlandes, les plus beaux feuillages de la forêt sont choisis pour être disposés en arcs de triomphe. La garde nationale a pris les armes. Les populations des environs sont accourues en habits de fête. On se rend à l'église. Mais l'enceinte du saint lieu est devenue trop étroite.

La foule est obligée de stationner au dehors. Vingt prêtres entourent à l'autel le doyen de Trélon, qui officie. Dans un éloquent discours, le doyen de Solre-le-Château retrace la vie et les vertus de sainte Hiltrude.

La messe terminée, la procession sort de l'église.

Toutes les jeunes filles, revêtues de robes blanches, et voilées, s'avancent en ordre. Les bannières se déploient et s'agitent sous l'impulsion de la brise. Les enfants, beaux comme des anges, émaillent de fleurs les chemins que l'on parcourt. Puis vient la châsse de sainte Hiltrude, dont un magnifique soleil rend l'éclat éblouissant. Escortée par la milice du village, et portée par l'élite des jeunes personnes, elle traverse la foule qui la contemple et la salue avec transport. Tous les fronts se découvrent et s'inclinent sur son passage, tous les cœurs ont une prière, et les vieillards dont les yeux se mouillent de larmes, ne peuvent s'empêcher de dire, en soupirant, que, malgré sa beauté, elle est bien loin d'approcher de celle qu'ils ont connue dans leur enfance et dont les a dépouillés la Révolution.

Derrière le reliquaire est le nombreux clergé, qui est venu former le cortège d'honneur de la bonne sainte. Revêtus des ornements d'or et de satin que portaient autrefois les religieux de l'abbaye aux fêtes de leur patronne, et que Liessies emprunta pour cette solennité, les prêtres chantent les hymnes par lesquelles l'Eglise célèbre la gloire de l'Epoux des vierges, et, après chaque strophe, une multitude de voix redit : Sainte Hiltrude, notre patronne, priez pour nous !

La procession, que suivait le Conseil municipal, parcourut toutes les rues du village, en passant sous des arcs de triomphe érigés avec une simplicité pleine de bon goût. Partout elle recueillit les témoignages d'une pieuse vénération. La cérémonie fut tout à la fois une réparation, un triomphe et une fête de famille.

Quoique le culte que, depuis onze siècles, Liessies rend à sainte Hiltrude soit comme enté dans le cœur de la population, cette fête ne laissa pas que de fortifier ses racines et de renouveler sa vigueur. Culte de respect, de confiance et d'amour, il possède un caractère spécial : c'est qu'aucune pratique superstitieuse n'y est attachée. Il doit la pureté de ce caractère à la solidité de l'enseignement que donnaient les religieux. En tous cas, il ne fait que grandir de jour en jour.

Pour se convaincre que sainte Hiltrude est toujours servie par la population de Liessies et par les pèlerins, il suffit d'assister aux belles manifestations qui se font en son honneur le mardi qui suit le dernier dimanche de septembre, jour du grand pèlerinage.

Ce jour-là on se rend de bon matin à la chapelle du Bois. Cette chapelle est érigée sur le territoire de Trélon et appartient à M. le comte de Mérode. Œuvre des religieux de Liessies, elle fut constamment entretenue et réparée par eux. Elle marque l'endroit où sainte Hiltrude se réfugia pour échapper au mariage. A ses pieds coule la fontaine miraculeuse où la fille du comte Wibert se désaltéra. Elle est assez vaste et porte à la piété. C'est là qu'on se présente pour entendre une première messe, et qu'on s'agenouille sous l'étole du pasteur pendant qu'il récite les paroles du saint Evangile qui effacent les péchés.

Mais la fête n'a tout son éclat que vers dix heures, à la procession solennelle qui va de l'église à la chapelle du Bois.

Toutes les rues, sur un parcours de quatre kilomètres, sont admirablement décorées de mâts ornés de drapeaux aux couleurs nationales et pontificales, et d'arcs de triomphe où l'art le dispute à la richesse.

La châsse est portée alternativement par quatre prêtres revêtus de dalmatiques et par les jeunes filles de la paroisse. Un nombreux clergé l'entoure. La musique municipale lui fait hommage des plus beaux morceaux de son répertoire. Et la foule, une foule qu'on peut évaluer à plus de cinq mille personnes, suit en récitant le chapelet, en chantant des cantiques, en méditant la vie et les vertus de sainte Hiltrude.

Quand la procession arrive à la chapelle du Bois, la messe est célébrée sur un autel improvisé, en face de la foule qui prend place sur le talus boisé, et à l'Evangile un orateur de marque prononce le panégyrique de la patronne de Liessies. Rien n'est beau comme cette messe en plein air, rien n'est touchant comme le recueillement de ceux qui y assistent. On comprend qu'on ne quitte ce site enchanteur et cette cérémonie magnifique sans éprouver le désir et sans former la résolution d'y retourner encore, d'y revenir chaque année.

N'oublions pas de dire que sainte Hiltrude guérit de la fièvre, et que jamais l'eau de la fontaine n'a causé de malaise à qui que ce soit. Et mentionnons ce pieux usage des habitants de Liessies d'aller, le jour où ils ont rempli leur devoir pascal, en pèlerinage à la chapelle du Bois, et d'y faire leur prière pour obtenir de Dieu la grâce de la persévérance.

Bons habitants de Liessies, conservez précieusement comme le plus riche de tous vos trésors le culte de votre sainte Hiltrude. Quoi de plus digne de vous que les honneurs que vous rendez à la mémoire de cette illustre vierge ? Elle a vécu dans les lieux où vous vivez, elle a foulé les sentiers dans lesquels vous marchez, elle a connu vos aïeux, les a édifiés de sa sagesse, les a consolés et soulagés dans leurs douleurs. L'air de votre vallon n'est-il pas encore rempli du parfum de ses vertus ? L'écho de vos bois ne redit-il pas encore les accents de sa prière ? Que ce culte, qui résume votre histoire, soit pour vous un culte de famille ! Il vous a été transmis par vos pères comme un héritage sacré. Transmettez-le intact à vos enfants et à vos petits-enfants. Que le nom d'Hiltrude soit toujours le nom de vos filles ! Que ses exemples soient toujours efficaces sur vos cœurs ! Que jusqu'au dernier jour du monde Liessies garde à sainte Hiltrude respect, confiance et amour.

CHAPITRE V

L'abbaye et les abbés de Liessies

jusqu'au Vénérable Louis de Blois.

Les savants ne sont pas d'accord sur la question de savoir quels religieux furent primitivement établis à Liessies. Les uns prétendent que ce sont des Bénédictins, les autres tiennent pour des Chanoines réguliers.

Comme tous les titres de l'abbaye furent détruits avec cette maison, lors de l'invasion des barbares, on ne peut, sur ce point, étayer une opinion que sur des conjectures.

Pour nous, sans nous arrêter à approfondir les raisons des uns et des autres, nous commencerons la liste des abbés à l'époque où Thierry d'Avesnes rétablit les Bénédictins, c'est-à-dire à la fin du XIe siècle.

Pendant sept siècles, les Bénédictins de Liessies s'appliquèrent à des travaux scientifiques, transcrivant des livres, formant une bibliothèque et appelant à eux de tous les points du Hainaut les hommes les plus recommandables par la vertu et par la science.

Souvent ils eurent des procès avec des seigneurs qui leur disputaient leurs biens et leurs privilèges, souvent ils eurent à souffrir des calamités causées par la guerre.

Tous les abbés qui y portent successivement la crosse, passent en faisant le bien, chacun selon les circonstances dans lesquelles il se trouve, les uns par la doctrine, les autres par la sainteté, ceux-ci par la fermeté, ceux-là par la douceur. La plupart sont des gentilshommes appartenant à la noblesse du pays. Quelques-uns seulement manquent des qualités nécessaires à leur rang. Tous cherchent à augmenter le patrimoine de Liessies et son précieux trésor de reliques.

Riche en domaines, l'abbaye de Liessies l'était davantage encore en vertus. En 1633, l'historien Binet, dans son livre sur les fondateurs d'ordres, dit qu'il a vu à Liessies trois sortes de saints : les premiers enfermés dans des reliquaires, les seconds représentés en peinture, et les autres chantant les louanges divines dans les stalles du chœur.

Le monastère, placé sous le patronage des saints Lambert, Hiltrude, Etton et Thomas de Cantorbéry, voyait ses religieux s'occuper, chacun selon ses aptitudes, et employer ses revenus de la manière la plus noble et la plus utile. Ici s'exécutent à grands frais des travaux d'art; là de larges chemins se taillent dans le roc; ailleurs se défrichent des terres, se construisent des ponts, et se perfectionne l'agriculture. Parmi les moines, il en est qui étudient les hauts problèmes de la philosophie et de la mécanique, entretiennent des correspondances avec les savants, et conservent les monuments de l'histoire. Plus d'un auteur trouva chez eux les ressources nécessaires à l'impression d'ouvrages qui, sans leurs libéralités, seraient restés inédits : les Bollandistes, en particulier, furent puissamment aidés par les moines de Liessies.

Leur vie intérieure était très modeste. Ils n'avaient jamais sur leur table qu'un seul plat. Leur sobriété était exemplaire.

Les moines de Liessies se distinguèrent en tout temps par l'abondance de leurs aumônes et par l'aisance qu'ils donnaient aux ouvriers en leur procurant un travail continuel. Lors de la famine de 1789, l'abbaye de Liessies envoya du blé et donna vingt-cinq mille francs pour soulager les pauvres. Vers 1709, pendant une famine qui dura plusieurs années, ce monastère soutint et nourrit les villages de Liessies, de Ramousies et autres lieux voisins, en hébergeant la population de ces villages, et en l'employant à la construction de chaussées ou autres beaux et utiles ouvrages.

Les religieux utilisaient leurs loisirs à cultiver les fleurs. Chacun d'eux avait son petit parterre où la plante exotique brillait au milieu des roses et des renoncules. Çà et là, sur la légère grille qui séparait ces jardinets, se lisaient des inscriptions remplies du parfum de la plus haute piété. Voici celles que l'on admirait encore dans les derniers temps. Elles méritent d'être conservées : « Que la beauté des fleurs et de toutes les créatures ravisse l'âme en adoration pour le Dieu qui les a faites ! Que la beauté du jardin fasse penser à la beauté du Ciel ! Ce lieu n'est point pour la vanité, mais pour la piété. Loin d'ici tout ce qui déplaît à Dieu. Cherchez avant tout les choses célestes. O Seigneur, mon Dieu, que vous êtes admirable ! Je me réjouis, ô mon Dieu, en voyant la beauté des ouvrages de vos mains. Les oiseaux du ciel, en chantant le Seigneur, avertissent l'homme de le louer du fond du cœur. »

L'église de l'abbaye était splendide. Elle a été rebâtie par le vénérable Louis de Blois. On y admirait quatre colonnes en marbre que

Louis XIV avait destinées au château de Versailles. Trente-huit portraits de fondateurs d'ordres religieux étaient placés dans des ovales au-dessus de chaque stalle des moines. Quatre tableaux de Crayer représentant des épisodes de sainte Hiltrude, deux tableaux de Zeigler, une belle croix de procession en cuivre émaillé, des vitraux, des vases sacrés du plus grand prix, de magnifiques ornements, des reliques en nombre considérable en faisaient le trésor envié des autres églises. Un carillon, le plus beau du Nord, gazouillait sans cesse dans la tour, invitant les fidèles à servir le Seigneur dans la joie. Ce carillon égaie actuellement de ses refrains les habitants d'Avesnes.

L'entrée de l'abbaye était défendue par deux tours dont il ne demeure plus aujourd'hui de vestiges. Les bâtiments qui sont restés les derniers debout étaient, dans le style grandiose des logements des chanoinesses de Maubeuge, pourvus d'immenses fenêtres, de hauts plafonds artistement travaillés et de vastes escaliers.

Le quartier des hôtes, construit au XIIIe siècle par l'abbé Maurice de Rumigny, était aussi d'une grande beauté. Très spacieux, enrichi partout d'ornements de marbre, il se composait de quatre bâtiments formant carré. L'un d'eux était habité par l'abbé. Les autres étaient destinés au logement de l'archevêque de Cambrai, de l'intendant de la province, et des étrangers.

Le système des eaux était très remarquable. Les jets étaient alimentés par des conduits amenant l'eau d'étangs situés à plus de deux kilomètres. et par une machine hydraulique établie dans une tour proche du moulin récemment démoli. Certains jeux de ces eaux étaient cachés sous des buissons, et, à un moment donné, arrosaient les curieux malavisés qui, pour se sécher, changeaient leurs habits trempés contre un froc des frères.

Les promenades étaient également fort agréables. Elles consistaient surtout en longues avenues qui couraient entre des fossés longs et poissonneux, et invitaient à la réflexion et à la piété par les stations du chemin de la Croix et par les statues des douze Apôtres. D'autres étaient taillées à trois étages dans le rocher et aboutissaient à un calvaire.

Le blason de l'abbaye de Liessies portait d'argent à une hure de sanglier, de sable, défendue d'argent, et lampassée de gueules.

Voici la liste des abbés de Liessies, à dater de la fin du XIe siècle :

1. GONTIER ou GONTARD fut appelé, en 1096, de Crespin où il remplissait les fonctions de prieur, pour occuper le siège abbatial de Liessies. Le chroniqueur Jacques Lespée lui attribue, entre autres travaux, la transcription d'un livre d'homélies pour le temps d'hiver, et celle des homélies de saint Grégoire le Grand sur Ezéchiel. Après avoir gouverné le

monastère avec sagesse pendant douze ans, Gontier mourut le 8 décembre 1107.

2. Renier de Carnières, d'abord prieur, devint abbé à la mort de Gontier. Ce fut de son temps que Barthélemy, évêque de Laon, dédia la nouvelle église de Liessies que ce prélat nommait sa fille chérie. C'était un homme de grande sainteté. On rapporte qu'il rendit la vue à un aveugle, en se servant de l'eau avec laquelle il avait fait l'ablution des mains dans le sacrifice de la Messe. Il passa à une vie meilleure le 30 janvier 1124. Vers cette époque le prieuré de Sart-les-Moines fut donné à l'abbaye par Pétronille de Gosselies et son fils Ebal. C'est aussi sous Renier que les seigneurs d'Avesnes obtinrent le droit de chasse dans les bois de l'abbaye. Environ l'an 1120, dit une vieille chronique, « les bestes sauvages des boys de l'abbaye furent données à Gossuin, sire d'Avesnes, excepté les cuirs des cerfs pour recouvrir les livres de l'église. »

3. Wederic, de prieur élu abbé, peut être regardé comme le fondateur de la bibliothèque de Liessies. Pour unir ses religieux par un lien de plus, il mit à leur disposition une collection de bons livres. Du reste, fort docte lui-même, il recevait sans cesse des visiteurs illustres. Il souscrivit en 1138 la lettre de Nicolas, évêque de Cambrai, pour l'abbaye du saint Sépulcre. En 1139 la comtesse Eméza donna à l'abbaye de Liessies le tonlieu de Valenciennes pour

être perçu annuellement pendant la semaine qui suit la fête de saint Denis. L'acte est imprimé parmi les preuves de l'Histoire de Valenciennes de d'Oultreman, et dans le *Diplomata belgica* de Miræus. En 1142 eut lieu l'échange de la dîme que l'abbaye possédait à Briastre, contre le fief que Saint-André du Cateau avait à Fontaine au Tertre. Vers 1145, Nicolas, évêque de Cambrai, confirma la donation des deux moulins d'Etrœungt et du village de Ramousies, faite par Gautier d'Avesnes à l'abbaye de Liessies. Wederic avait assisté en 1143, à Liège, à la translation des reliques de saint Lambert, martyr, placées autrefois dans un petit reliquaire par saint Hubert. Elles furent alors transférées dans une châsse brillante et d'un riche travail. Wederic en rapporta à Liessies de grands et précieux présents. Peu de temps après, Nicolas, chanoine de Liège, ayant écrit la vie de saint Lambert, la dédia à Wederic. Wederic siégea vingt-quatre ans, c'est-à-dire jusqu'en 1147, époque où il fut créé abbé de Saint-Waast d'Arras.

4. Tiescelin, que J. Lespée qualifie d'homme doux et modeste, fut trop docile aux conseils d'un parent dangereux, et « s'appuyant, dit le chroniqueur,, sur un bâton qui lui perça la main », il ne put suffire à sa charge et se vit contraint d'abdiquer en 1153. Sous sa Prélature, en 1150, l'église d'Origny céda à celle de Liessies une terre qu'elle possédait à Berne-

ville, enclavée dans une propriété dudit Liessies.

5. Helgot, moine de Lagny au diocèse de Paris, fut élu en 1150. Il appartenait à une famille considérable du pays d'Avesnes. Liessies était alors dans un état déplorable auquel le nouvel abbé ne put remédier. Après avoir siégé trente-trois ans, il se retira moitié de plein gré, moitié par ordre de Guillaume, archevêque de Reims. Ce fut du temps de Helgot, en 1160, que le prieuré de Dompierre par l'entrée en religion du seigneur Guillaume, devint une annexe de l'abbaye. On trouve le nom de Helgot dans le traité passé en 1174 entre l'abbé de Saint-Aubert, de Cambrai, et Adam, seigneur de Walincourt. Il reparaît en 1177, dans la charte d'Alard, évêque de Cambrai, à Jean, abbé de Saint-Amand. Vers 1180 on le voit encore concluant, avec Jacques, seigneur d'Avesnes, un accord relativement aux bois de Feron, Fourmies, Cartignies et Fontenelle, dépendant de l'abbaye. Ils convinrent de séparer ces bois en vingt coupes, et d'en couper une chaque année à partager : « la jarbe et la ruche-abeille appartiendront à l'abbé comme propriétaire du fonds, et la chasse et les oiseaux de proie au seigneur d'Avesnes. »

6. Simon. En abdiquant, Helgot obtint pour successeur Simon, prieur de Lagny, avec qui il avait été lié d'amitié. Celui-ci fut déposé, à son tour, au bout de trois ans et cinq mois.

7. HUGUES I, moine de Saint-Waast d'Arras, gouverna Liessies trois ans seulement, parce qu'il voulait, dit le chroniqueur, échanger les biens de l'abbaye.

8. HUGUES II DE HESTRUD reçut en 1208, de la part de l'empereur Henri, de précieuses reliques apportées de Constantinople par le frère Thomas, sacristain de Liessies. Hugues mourut le 3 août 1213.

9. GOSSUIN DE HESTRUD se retira volontairement en 1217. C'est tout ce qu'on sait de lui.

10. PIERRE I D'AVESNES siégea huit ans. On connaît de lui un chirographe qui constate que Gautier d'Antoing et Alix sa sœur ont assuré à l'abbaye de Liessies la possession des serfs de Fresnes. Il ratifia aussi dans le mois de juillet 1219 l'acquisition faite par l'église de Vicoigne d'un terrain attenant à la forêt de Beaumont. Il mourut en 1225.

11. THOMAS I DE WALCOURT, le même qui rapporta en 1208 les reliques envoyées de Constantinople par l'empereur Henri. Cet abbé, après trois ans de prélature, résigna sa dignité pour devenir simple moine de Cîteaux, dans l'abbaye de Foigny au diocèse de Laon. Il mourut en 1229.

12. SÉGARD gouverna l'abbaye pendant dix ans. A la suite de son abdication le siége vaqua dix-huit mois.

13. GAUTIER DE GRART, abbé de Maroilles, fut désigné en 1233 par l'évêque de Cambrai,

Godefroi de Fontaines, pour régir l'abbaye de Liessies, charge qu'il occupa jusqu'à sa mort survenue le 12 janvier 1234.

14. Nicolas de Hestrud. Parmi les chartes qui émanent de lui, on cite celle du mois de février 1236, qui règle les pitances du couvent conformément à une ordonnance de l'évêque de Cambrai rendue en la même année. Il mourut en 1244.

15. Hugues III de Liessies, qui siégea jusqu'en 1264, fit rentrer l'abbaye en jouissance de divers biens et privilèges dont elle avait été dépouillée à Cartignies, à Trelon, à Saint-Hilaire, à Esclaibes, et à Floursies. Il fut l'un des arbitres chargés de prononcer sur la légitimité de Jean et de Beaudoin d'Avesnes.

16. Baudoin I de Thuin, moine de Liessies, fut abbé de Saint-André du Cateau, puis placé sur le siège de Liessies d'où il fut déposé, en 1275, par sentence d'Enguerrand, évêque de Cambrai, après avoir occupé sa charge huit ans et deux mois.

17. Maurice I de Rumigny, qui fut aussi abbé de Maroilles, gouverna Liessies jusqu'à sa mort survenue le 15 décembre 1303. Il existe dans les archives du chapitre de Cambrai deux chartes du mois de décembre 1278, par lesquelles cet abbé déclare sa maison redevable audit chapitre de dix muids de froment et de dix muids d'avoine assignés sur Fontaine-au-Tertre. Le chroniqueur J. Lespée loue Maurice

d'avoir soldé les dettes de l'abbaye et construit le château de Liessies et d'autres édifices.

18. MICHEL D'ANGRES, de prieur devint abbé. Il mourut en 1316.

19. OTHON DE SANZELLES tint la crosse abbatiale pendant quatorze ans. Ce fut de son temps que les seigneurs de Gosselies, Jean et Godefroi de Marbaix, se désistèrent de leurs prétentions sur le prieuré de Sart les-Moines.

20. JEAN I DE LA HAYE, d'abord moine de Saint-Ghislain. Il fut déposé en 1331, après dix-sept mois de prélature.

21. MAURICE II, dit LE PAYEN, siégea moins longtemps encore, de novembre à janvier 1332, époque à laquelle il fut déposé.

22. SICARD DE CARDILLAC, bon gentilhomme et habile jurisconsulte, jura et fit jurer, en 1334, à ses religieux de ne jamais aliéner ou laisser aliéner les biens du monastère. En novembre 1359 il affecta aux nécessités particulières et imprévues de ses moines les revenus d'un pré à Papeleu, provenant de Pierre de Becond, et un courtil situé à Liessies. Il mourut le 3 novembre 1363.

23. JACQUES fut abbé de 1363 à 1368, époque de sa mort.

24. PIERRE II DE GHISLENGHIEN, élu en 1368, mort en 1378.

25. ARNOUL DU CHESNE, élu en 1378, mort en 1385.

26. JEAN II D'OSTRIGNIES, élu en 1385, mort

en 1405. Sous sa prélature, par ses lettres données à la Haye le 2 juillet 1387, le duc Aubert de Bavière, prenant en considération l'état de détresse dans lequel l'abbaye de Liessies était tombée, lui accorda diverses exemptions et immunités.

27. GILLES I DU CHESNE, élu en 1405, résigna sa crosse en 1433.

28. JEAN III DE MOYTURIER fut abbé de 1433 au 20 juillet 1439. Le premier titre émané de lui est une commission de bailli de Liessies pour Moreau de Bonsenton, écuyer, en remplacement de Guillaume de Locon. Cette commission porte la date du 15 janvier 1435.

29. ANSELME DE SARS, prévôt de Saint-Amand, devint abbé par la faveur de Philippe, duc de Bourgogne, au préjudice de Thomas Bouqueniau, élu par les religieux. Il mourut en 1461.

30. JEAN IV BACCART, auparavant prieur de Dompierre. Charles le Téméraire avait voulu suivre l'exemple de son père en gratifiant Louis de Dinteville, l'un de ses chapelains, de l'abbaye de Liessies. Mais Jean Baccart refusa de se démettre de sa prélature en faveur du favori du duc de Bourgogne. On eut beau le presser, lui faire les promesses les plus séduisantes. Il résista toujours. Les lettres du duc Charles sont tout à la fois impératives et caressantes, les réponses de l'abbé sont respectueuses, mais fières et dignes. Au caractère

ferme et résolu qu'il montra en ces difficultés, Jean Baccart joignait l'habileté administrative et l'amour des arts. On admirait encore en ces derniers temps les belles peintures dont il avait enrichi son église. Il mourut en 1475.

31. Léger du Pont, de prieur devint abbé. Voici en quels termes J. Lespée le caractérise : « Personnage tout modeste, prévoyant et sage dans ses actes, libéral en aumônes, plein de bénignité pour les malheureux. Aussi, riches et pauvres l'aimaient d'une affection particulière. Ces précieuses qualités le firent surnommer le bon abbé. » Léger du Pont mourut à Ath le 14 février 1496, mais son corps fut ramené à Liessies pour y être inhumé.

32. Baudoin II Maubruck ne siégea que deux ans et demi, puisqu'il est mort le 8 août 1499. J. Lespée loue sa vaste érudition.

33. Gilles II Gippus. Il mourut en 1530 à Mons, où il s'était retiré. Sous sa prélature, Charles-Quint, voulant dédommager l'abbaye de Liessies des pertes qu'elle avait éprouvées pendant la guerre, lui accorda par lettres du 22 août 1523 la jouissance des biens confisqués aux Pays-Bas sur l'abbaye de Saint-Nicaise de Reims, sur les chapitres de Rozoy-sur-Serre, de Saint-Eloi de Noyon, de l'abbaye de Saint-Nicolas au Bois, toutes communautés situées dans l'île de France. La gloire de Gilles Gippus fut de s'être choisi comme coadjuteur le vénérable Louis de Blois, le plus illustre des abbés de Liessies. Il fit

des constructions importantes à Mons, à Ath et à Liessies. Sa prélature dura trente ans et demi.

CHAPITRE VI

Le Vénérable Louis de Blois.

Issu d'une vieille race si française qu'il n'est pas de journées de gloire ou de revers dont quelqu'un de ses membres n'ait été le témoin, fils de parents pieux autant que distingués, Louis de Blois était digne de la haute destinée que le Ciel lui réservait. Son père Adrien de Blois, seigneur de Jumigny, tirait son origine des seigneurs de Châtillon-sur-Marne. Sa mère Catherine de Barbançon appartenait à la famille illustre des princes de Ligne.

Louis naquit à Donstienne, en Hainaut, près de Thuin, le 2 octobre 1506. Il monta dans la vie, entouré de toutes les délicatesses d'une existence opulente. Des jeunes frères, une sœur qui, selon le mot de son historien, était sa sœur plus encore par le cœur que par le sang, renouvelaient chaque jour pour lui les joies si pénétrantes du foyer. Des frères aînés lui montraient les carrières les plus brillantes où son ambition pouvait prétendre. Bientôt même il fut appelé à la cour de Bruxelles pour y remplir les fonctions de page aumônier auprès de l'archiduc Charles, depuis le redoutable Charles-Quint.

Quand il arriva au palais, prémuni par les conseils de sa mère contre les dangers qu'on y courait, il avait déjà de la réserve, une grande défiance de lui-même, et il suivait cette règle qu'il traça depuis à ses disciples « d'être en tout discret, circonspect, prudent, éloigné de toute singularité. »

Cette parfaite surveillance qu'il exerçait sur sa conduite ne lui enlevait rien de l'ardeur et de la générosité de son âge. Aussi, tout en conservant l'intégrité de sa vertu et la ferveur de sa piété, sut-il conquérir les cœurs de ses compagnons par les qualités chevaleresques et les dons aimables de sa riche nature.

Le jeune archiduc, en particulier, lui voua une profonde amitié dont il ne se démentit jamais. Ses parents, fiers de cette amitié, se réjouissaient du parti qu'il avait embrassé, quand un accident providentiel décida de la vraie vocation de Louis.

Un jour, dans un tournoi, le jeune page reçut à la tête une blessure si grave qu'on jugea nécessaire une douloureuse opération. Comme le chirurgien hésitait sur la forme à donner à son incision : « Faites-la en manière de croix de Bourgogne ! » s'écria Louis.

Cette parole fit impression sur tous les témoins de cette scène, et Louis en fut frappé, comme si cette réponse eût révélé un secret dessein du Ciel sur lui. Dès lors une révolution complète s'opéra dans ses sentiments et ses pensées. Au contact des faiblesses et des dissipations de la cour, son âme, loin de s'amollir, se dirigea vers l'amour de la croix, et entrevit sans doute l'admirable tableau de la joie sereine des cloîtres, qu'il nous a livré depuis : « Heureux les moines qui s'appliquent librement nuit et jour au service du Roi des rois ! Chez eux tout est piété, tout est douceur. C'est là qu'on trouve l'aimable parfum de toutes les vertus, le brillant éclat de la rose empourprée de la charité, la séduisante blancheur du lys de la chasteté, la violette de l'humilité fleurissant dans l'ombre et exhalant la plus pénétrante odeur. Là il n'y a jamais de cris ni de querelles. Partout règne une paix délicieuse. Courageux athlètes, les religieux ne cessent de remporter chaque jour en leurs combats spirituels des victoires et des triomphes. A ce spectacle, les anges accourent pour applaudir, et il arrive que les anges habitants du ciel avec les hommes sur la terre, et que les hommes habitants de la terre avec les anges dans le ciel, se mettent réciproquement en familiers rapports. »

Louis se décida donc à échanger son épée pour le glaive de la prière, et sa bourse d'aumônier pour un inépuisable trésor de mérites.

Muni de la bénédiction de son père et de sa mère, le jeune page, devant qui s'ouvrait un avenir si riant, quitta le monde et entra au monastère de Liessies. Il avait quatorze ans.

L'abbé qui gouvernait Liessies et reçut Louis de Blois comme novice, était alors Dom Gilles Gippus, vieillard vénérable, et religieux d'une conduite exemplaire, qui gémissait en silence du relâchement de sa communauté.

A peine eut-il considéré la belle et calme figure de Louis, à peine l'eut-il interrogé sur sa vocation, qu'il entrevit dans cet enfant l'homme qui régénérerait les monastères bénédictins et rendrait à la vieille règle ses fils amollis et indociles. Aussi recommanda-t-il spécialement le jeune page au maître des novices Jean Meurisse.

Sous l'énergique impulsion de Jean Meurisse, et avec la grâce de Dieu, qui le préparait de longue main à sa mission, Louis mit tous ses soins à acquérir la perfection requise de son sublime état.

Louis quitta quelque temps le noviciat pour aller à Louvain étudier la théologie sous les illustres maîtres Ruard Tapper et Jean Driedon, et les langues sous le philologue Nicolas Clenard.

Il suivait encore les cours de la célèbre Université, quand en 1528 Dom Gippus l'obtint pour coadjuteur, ce qui lui conférait de droit la dignité abbatiale, à la mort du titulaire.

Louis était le plus jeune des religieux de Liessies.

On se figure aisément son effroi, quand cette nouvelle lui parvint. Il avait renoncé au monde pour vivre soumis et caché, et voilà que, sans transition, on l'appelait au gouvernement spirituel et temporel d'une importante abbaye.

Louis se représente l'abbé tenant la place du Christ, chargé de régir des âmes choisies, et non seulement chargé de les régir, mais de les guérir, chargé non seulement de les conduire, mais de les supporter, tenu à être le serviteur de tous ceux à qui il commandera, obligé d'obéir à tous pendant que chacun lui obéit.

Ces réflexions l'accablent, mais il sait que le premier devoir d'un moine est de se soumettre et que la force de l'obéissance est d'égaler celle du commandement. Et c'est pourquoi comme saint Maur, à la parole de saint Benoît, part sans hésiter pour retirer le jeune Placide du lac où il est tombé et marche sur les eaux avec autant de fermeté que sur la terre, lui aussi acceptera sans murmurer les fonctions qu'on lui destine. Il répond à son cher Dom Meurisse : « J'ai remis ma volonté entre les mains de l'abbé lors de ma profession. Je ne puis ni ne veux m'opposer à ce qu'il exige de moi. Mieux vaut tomber sous le fardeau par obéissance que d'encourir la haine de Dieu en le refusant. »

La communauté tout entière avait acclamé

Louis. Il fut confirmé dans sa charge par une bulle du pape Paul III, en date du 28 novembre 1518. Il avait vingt-deux ans, et sept années seulement de profession. Mais, comme ses études littéraires et théologiques n'étaient pas complètement terminées, il prolongea, malgré sa nouvelle dignité, son séjour à Louvain.

Deux ans après, le sage et saint vieillard Gippus fut rappelé à Dieu, à l'âge de soixante-dix ans.

Cette mort ramena à Liessies le jeune coadjuteur, qui voulut rendre à son père et à son ami les honneurs qu'il méritait, et louer sa prudente administration.

Le 12 juillet 1530, Louis de Blois entra en possession de sa nouvelle charge, et le 11 novembre suivant, l'onction du sacerdoce l'unit au Seigneur pour l'éternité. Le 13, il reçut la bénédiction abbatiale au milieu d'une nombreuse assistance de prélats réguliers et séculiers.

Louis de Blois savait bien qu'en prenant en main le gouvernement du monastère, il n'était point convié au repos, mais à une vie de labeurs et de soucis.

Pour arriver à réformer ses moines, il s'efforça de prêcher d'exemple en donnant à ses frères le spectacle d'une vie pure et vraiment religieuse, estimant avec raison que l'autorité d'un abbé à l'égard de ses inférieurs dépend moins du nombre des années que de l'observation rigoureuse de la discipline.

Il passa ainsi huit ans, sans obtenir d'autre fruit que le mérite de sa bonne volonté et de ses efforts.

La guerre éclata alors entre François Ier et Charles-Quint.

Devant l'invasion française, Louis fut plongé dans une grande incertitude. Devait-il laisser ses moines au contact funeste des gens de guerre ? Comment pourrait-il, au milieu des inquiétudes, continuer son œuvre de réforme ?

Confiant à quelques hommes sûrs la garde de l'abbaye, Louis proposa aux religieux de le suivre à la maison de refuge d'Ath. Beaucoup d'entre eux, éloignés de l'idée d'une réforme, se retirèrent çà et là dans des couvents voisins, et trois frères seulement déclarèrent vouloir suivre leur abbé et s'astreindre à sa loi.

Tout autre se fût découragé. Louis, lui, salua Ath, non comme un lieu d'exil, mais comme un asile de douce espérance. Et c'est là, en effet, qu'en union intime avec ses trois compagnons, il put leur développer, avec ce charme de parole et l'érudition profonde dont ses exhortations portent l'empreinte, la règle de saint Benoît qu'il avait étudiée à fond. Il revint ainsi à la primitive observance de cette admirable règle, et y soumit tous les religieux qui se présentaient comme postulants.

Mais l'épreuve est la pierre de touche des Saints, et Louis de Blois la rencontra.

Les moines de Liessies adressèrent une supplique à Charles-Quint, le priant de faire revenir Louis de Blois et ses religieux à Liessies dont ils dépeignaient le triste état, et promettant que si l'abbé relâchait un peu la rigueur de la discipline, ils se mettraient volontiers sous sa direction.

Charles-Quint intima à Louis l'ordre de retourner à Liessies.

L'abbé fut d'abord fort peiné de voir s'évanouir des rêves longtemps caressés. Mais, considérant le bien général, il tira ensuite cette conclusion, que rien de ce qui est violent ne peut durer, qu'une conduite dirigée par la modération donne pour l'avenir des gages sérieux de persévérance, que les forces du corps ne répondent pas toujours aux sentiments généreux de l'âme, qu'il faut enfin tenir moins compte de sa propre ferveur que de celle des religieux, dont on doit chercher avant tout les avantages et le salut.

Résigné au bon plaisir de Dieu, Louis accepta une règle mitigée qui, tout en conservant l'esprit même de saint Benoît, donnait à la faiblesse physique une légitime satisfaction.

Les moines, de Liessies ayant accepté la réforme dont ils ne devaient plus désormais s'affranchir, Louis de Blois se mit à rédiger les statuts qu'il voulait soumettre à l'approbation du Saint-Siège, et qui furent en effet approuvés par Paul III, le 8 avril 1545.

Il composa aussi l'ouvrage intitulé : *Miroir des moines*. C'est là qu'il explique que la perfection monastique est impossible sans le recours simultané à trois moyens infaillibles, mais essentiels : la mortification, le travail et la prière.

A la réforme spirituelle Louis de Blois ajouta les améliorations matérielles. Il fit relever en grande partie le quartier des religieux, reconstruire dans de larges proportions le chœur de l'église qu'il orna de marbres et de tableaux peints par les maîtres, enchâsser dans l'or et l'argent les nombreuses et insignes reliques apportées de Jérusalem, de Constantinople et d'ailleurs sous ses prédécesseurs, et dont il augmenta encore l'incomparable trésor, spécialement par la translation à Liessies du corps de saint Etton de Dompierre.

L'amour de Dieu n'étouffait point en Louis de Blois l'amour de ses frères. Si d'une main il jetait l'or dans le sanctuaire du Seigneur, de l'autre il le répandait également sans mesure dans le sein des pauvres. Il avait pour maxime que tout ce qu'il y a de superflu dans un monastère appartient aux pauvres, et il pratiqua si bien cette maxime qu'il mérita le beau nom de Père des pauvres. Toujours généreux, il devenait prodigue dans les malheurs publics. C'est ainsi qu'après les ravages de la guerre, il nourrissait Liessies et les villages voisins et que ses aumônes allaient jusqu'à Trelon et Maubeuge réparer les ruines qu'y avait faites l'incendie.

Non seulement Louis de Blois exerçait ses moines au travail manuel. Le travail de l'esprit, l'acquisition de la science sacrée et profane, était par lui pour eux une véritable passion. On réalisait à la lettre à Liessies avec une sublime patience ce qu'on a appelé un travail de bénédictin. Louis de Blois en donnait lui-même l'exemple. Longue en effet est la liste de ses ouvrages ascétiques et polémiques. Ils forment cinq forts volumes.

Charles-Quint offrit au vénérable abbé l'évêché de Cambrai devenu vacant par la mort de Robert de Croy, et l'abbaye de Saint-Martin de Tournai : « Laissez-moi, répondit-il, mon petit nid de Liessies. » Charles-Quint admira l'humilité de son ami, et le laissa à son monastère. Nul doute que, s'il eût dû céder au désir de l'empereur, il eût redit comme le ministre arraché au cloître par Charlemagne : « Adieu, chère cellule ! Je n'entendrai plus ces oiseaux qui chantaient matines avec nous et célébraient à leur manière le Créateur, ni ces enseignements d'une douce et sainte sagesse, qui retentissaient en même temps que les louanges du Très-Haut, sur des lèvres toujours pacifiques comme les cœurs. Chère cellule, je te pleure et je te regretterai toujours. Mais c'est ainsi que tout passe et tout change, que la nuit succède au jour, l'hiver à l'été, l'orage au calme, la vieillesse fatiguée à l'ardente jeunesse. Aussi, malheureux que nous sommes, pourquoi aimons-nous ce monde fugitif? C'est toi, ô Christ! toi qui le mets en fuite, qu'il nous faut seul aimer; c'est ton amour qui doit seul remplir nos cœurs, toi, notre gloire, notre vie, notre salut! »

Ce qui brillait surtout en Louis de Blois, c'était la douceur. C'est dans cet esprit de douceur qu'il a dicté l'ensemble de ses statuts, et qu'il a amené les religieux de Liessies à accepter sa règle. C'est dans cet esprit qu'il demande aux lecteurs de ses œuvres de rentrer doucement en eux-mêmes, d'assister joyeusement aux saints offices, en priant, en chantant, en méditant et surtout en agissant envers le prochain avec la plus entière charité. On ne l'entendit jamais corriger une faute avec aigreur. Jamais son émotion ne se trahit par une parole hautaine, jamais on ne vit en lui un visage courroucé ou un geste passionné. Tout le monde avait accès auprès de lui et il ne renvoya jamais un religieux dans la peine sans lui avoir offert le secours de ses consolations.

La charité de Louis de Blois éclatait encore dans la manière gracieuse dont il exerçait l'hospitalité. Véritable enfant de saint Benoît, il ne croyait pas que le nombre des hôtes pût jamais être onéreux pour la maison. Il arriva même que l'abbaye n'ayant hébergé personne pendant longtemps, l'abbé s'en fut à l'un des serviteurs : « Qu'est-ce que cela veut dire, Anselme ? lui dit-il. Dieu nous oublie-t-il ou est-il fâché contre nous, puisqu'il ne vient plus nous voir dans la personne des hôtes ? »

Une maladie de quatre mois mit fin à la vie si précieuse et si utile du grand abbé de Liessies. Lui-même demanda les secours de l'Extrême-Onction et fit appeler ses enfants pour leur adresser ses derniers adieux. « Efforcez-vous, leur dit-il, de vivre dans la paix et dans l'amour, évitant les querelles, les jalousies, les rancunes. Ayez la vraie charité, celle qui a dans le cœur de profondes racines et qui n'est pas seulement sur les lèvres. J'ai la douce confiance que je vous retrouverai tous dans les délices du Paradis. Je vous recommande tous à Dieu. Priez pour moi, et allez en paix. » Demeuré seul avec un frère, Louis de Blois répéta encore les paroles d'Isaïe : « Consolez-vous, mon peuple, consolez-vous. Dites à ceux qui ont le cœur abattu : Prenez courage, ne craignez point, voici votre Dieu », et il entra dans une longue agonie qui se termina le 7 janvier 1565. Il avait 59 ans d'âge, 45 ans de profession et 36 ans de prélature.

Louis de Blois fut inhumé dans l'abbaye avec cette épitaphe :

« Louis de Blois, qui dès sa tendre jeunesse savait parfaitement trois langues, qui répandit partout le parfum de ses vertus, est mort, hélas ! Et sous ce tombeau repose la gloire et le miracle de notre siècle. Lecteur, prie pour lui, et prépare-toi à paraître au tribunal du Souverain Juge. »

La postérité a décerné à Louis de Blois le titre de Vénérable, et l'histoire du pays le place en regard de Fénelon pour l'onction de ses écrits comme pour le doux éclat de sa vie et la suavité de ses vertus.

Sa statue a été inaugurée solennellement au-dessus du portail de l'église de Liessies, le 16 juillet 1883.

CHAPITRE VII

Les abbés de Liessies depuis la réforme.

Le 35e abbé de Liessies fut QUIRIN DOUILLET. Né à Ath, de procureur du monastère, il fut élu pour succéder au Vénérable Louis de Blois. C'était un homme d'une telle prudence que les Etats du Hainaut le désignèrent avec Mathurin Monlard, abbé de Saint-Ghislain, en septembre 1570, pour conduire en Espagne Anne-Marie d'Autriche, quatrième épouse de Philippe II. Les deux abbés remplacèrent dans cette mission l'archevêque de Cambrai, Maximilien de Berghes, mort à Berg-op-Zoom, où il s'était rendu pour recevoir la princesse. En mars 1578, la contrée était si troublée par les gens de guerre que l'abbé de Liessies se vit obligé de chercher un asile plus sûr dans le monastère de Saint-André du Cateau. Il y mourut le 26 avril suivant.

36. NICOLAS II LE FRANCQ gouverna l'abbaye pendant 32 ans d'une manière digne de louanges. Il mourut le 22 juillet 1610, à l'âge de 72 ans.

37. ANTOINE DE WINGHE, né à Louvain d'une famille noble, le 17 juillet 1562, fit profession à Liessies le 30 avril 1591, et fut revêtu de la dignité abbatiale le 2 septembre 1610. Les comptes de l'abbaye prouvent que dès l'année 1598 il y exerçait les importantes fonctions de procureur. Bollandus a placé son éloge en tête des *Acta Sanctorum*. Il est mort en 1637 à Mons, et fut inhumé dans l'église des Jésuites, où Van der Burch, archevêque de Cambrai, voulut avoir aussi sa sépulture, pour reposer auprès de celui qui avait été son intime ami.

38. THOMAS II LUYTENS appartenait à une honorable famille de la Flandre. Il n'était que sous-prieur de Liessies, lorsqu'il adressa au P. Bollandus la vie de saint Dodon, abbé de Wallers en Fagne. Plus tard ce fut à lui que le célèbre chef des Bollandistes dédia le premier volume de cette immortelle collection.

Durant sa courte prélature, Luytens obtint du pape Urbain VIII pour lui et ses successeurs le droit de porter la mitre. Il est mort en 1644.

39. Gaspard Rogier célébra en 1645 un jubilé de la réforme faite par le Vénérable Louis de Blois. En 1647, il donna à l'abbé de Bonne-Espérance une parcelle de la vraie croix. Gaspard Rogier est mort en 1660.

40. François le Louchier figure comme procureur de l'abbaye dès l'an 1655. C'est de lui que Mabillon reçut la vie de sainte Hiltrude, écrite vraisemblablement au xie siècle. Sa famille portait des armes parlantes : de sable à trois louches d'or. Cet abbé obtint. sous la date du 7 octobre 1662, des lettres patentes du roi d'Espagne, Philippe IV, qui maintenait le mayeur de Sart-les-Moines dans le droit de jouer le premier coup de balle au jour de la dédicace du lieu. Il mourut en 1678.

41. Lambert Bouillon. Cet abbé aimait la dépense et n'était pas assez vigilant pour la discipline. Il en eut des reproches de Fénelon, archevêque de Cambrai. Il fut atteint, sur la fin de sa vie, d'infirmités qui troublèrent sa raison, et forcèrent de lui donner un coadjuteur. Il mourut peu après, en 1708.

42. Agapit Dambrinne fut nommé coadjuteur par le roi, le jour de la Pentecôte 1708. Nous extrayons ce qui suit du billet mortuaire de l'abbé Dambrinne : « L'an 1740, le 6 mars, Dom Dambrinne est mort dans l'infirmerie du

monastère où il s'était retiré pour cause de santé. Il était dans la 74e année de son âge, la 53e de sa profession religieuse, et la 32e de sa dignité abbatiale. Depuis l'époque de sa conversion, il s'appliqua tellement à mortifier ses passions que ses proches pouvaient à peine le reconnaître. Après avoir été économe et receveur, il s'éleva successivement aux fonctions de prieur, de coadjuteur et d'abbé. Ami de la paix, il administra pacifiquement et parvint à entretenir toujours l'ordre et la tranquillité parmi ses religieux. Plein de réserve dans ses propres sentiments, il ne montra jamais d'orgueil. Il était sobre, tempérant, large pour les pauvres. Ennemi de l'oisiveté, il n'interrompait ses travaux que pour se livrer à la lecture et à la prière. Toujours appliqué à embellir la maison du Seigneur et son monastère, il réédifia le cloître presque en entier, et construisit même plusieurs autres édifices hors de l'abbaye. Durant une grande partie de sa vie, et surtout pendant les derniers mois, il fut affligé de rhumatisme, de migraine, de strangurie et d'autres souffrances aiguës, de sorte qu'on pouvait le considérer comme la pierre choisie que le Seigneur se plaît à polir. »

43. Augustin Fourdin. Dès l'année 1730, Dom Dambrinne, plus affaibli par les maladies que par l'âge, obtint pour coadjuteur Dom Augustin Fourdin, né à Lessines dans les Pays-Bas autrichiens. Dom Fourdin fut installé abbé titu-

laire le 10 mars 1748 par Philippe de la Samine, abbé de Maroilles. En mémoire de sa bénédiction abbatiale, il offrit une magnifique grille en fer à la chapelle de Notre-Dame de Grâce de Cambrai. Il mourut le 18 janvier 1755.

44. MARC LHOMME était déjà custos et grenetier de l'abbaye en 1737. Son brevet de nomination à la dignité abbatiale porte la date du 2 mars 1755, avec accompagnement de pensions onéreuses en faveur de divers particuliers formant un total de 42.500 livres par an. Le dernier acte où cet abbé soit mentionné comme vivant est du 30 juin 1763. Dans un autre du 28 septembre de la même année, le siège est déclaré vacant. Le parlement de Flandre avait désigné pour régir le temporel pendant la vacance Dom Louis Lebeau, sous-prieur, Lambert le Francq, Aubert Georges et Dom Maximilien Brousse.

45. GRÉGOIRE DUPIRE est nommé abbé par brevet royal du 26 octobre 1763. Son nom cesse de figurer dans les actes à dater de mars 1772.

46. Le cardinal ETIENNE-RENÉ POTIER DE GESVRES, ancien évêque de Beauvais, abbé commendataire par brevet du 22 mars 1772, recevait de l'abbaye, à ce titre, une pension nette de 25.000 livres. Il est mort le 24 juillet 1774.

47. MICHEL LELONG, durant la commende du cardinal de Gesvres, se qualifie tantôt grand prieur, tantôt coadjuteur abbé de Liessies.

L'évêque d'Amycles lui conféra la bénédiction abbatiale le 6 septembre 1774.

48. MARC VERDIER, dont le brevet est du 29 décembre 1776, siégeait encore au moment de la suppression des établissements religieux. Voici en quels termes sa déclaration est consignée dans un procès-verbal tenu le 28 janvier 1791 par les officiers municipaux de Liessies pour constater les intentions de chaque religieux conformément au décret du 14 octobre 1790 :

« Dom Marc Verdier, abbé de ladite abbaye, né le 20 avril 1735 et profès le 8 septembre 1755, déclare qu'il désire observer en ladite maison, tant qu'il lui sera possible, les vœux qu'il a faits à Dieu et la règle qu'il a embrassée sous l'autorité de l'Eglise et la protection du gouvernement. En foi de quoi il a signé. »

CHAPITRE VIII

Destruction de l'abbaye de Liessies.

En 1790 l'abbaye de Liessies fut dépouillée de ce qu'elle possédait. Voici l'inventaire des biens qui furent vendus. Cet inventaire a été fait par les membres du district d'Avesnes, le 9 août 1790, en ces termes :

En vermeil : deux crosses d'abbé, cinq reliquaires dont un avec pierres précieuses, trois calices, deux burettes, un ciboire, deux paix. une assiette, deux plats, un pectoral.

En argent : deux châsses, un buste, une vierge. trois crucifix, deux encensoirs, un christ. trois index, un reliquaire, un ciboire. deux monstrances, neuf calices, quatre croix, deux chandeliers, une coupe, un triangle, deux bâtons, trente-deux médaillons, quatre paix.

Ornements d'église : quarante-deux chasubles, dont quatre du premier état, trente dalmatiques dont douze d'abbé et dix-huit de prieur, vingt-neuf chapes en tissus avec riches médaillons à l'usage de l'abbé, quarante-huit chapes à l'usage du prieur, cinquante-neuf aubes, trente rochets, trente nappes d'autel, quarante-quatre bourses et voiles, sept antipanes, sept voiles et mitres.

Meubles : cent dix-sept tableaux, trois canapés, quarante-deux douzaines de serviettes, trente-sept paires de draps de lit, trente-six nappes, trois horloges, trois globes terrestres, un poêle, deux lampes, seize cartes de géographie, quatre-vingt-quatre bois de lit, cent treize matelas, trente et un traversins, trente-deux oreillers, soixante pots d'étain, vingt-deux plats d'étain, cent assiettes, vingt-quatre canettes, vingt-sept commodes, soixante-neuf couvertures, cinquante-huit paillasses, quatre-vingt-neuf tables, cinq miroirs, cent quatre-vingt-six chaises, quarante-trois fauteuils, sept glaces, une pendule, cinquante-six chandeliers en cuivre, une crosse en cuivre doré, un philactère en cuivre, trois paires de gants.

Bibliothèque : 5.595 volumes in-folio, 2.849 in-4°, 379 in-8°, 154 in-12, 237 manuscrits.

Basse-cour : vingt-quatre bœufs, treize vaches, trente-quatre chevaux, trois taureaux, trois porcs, cent trente-neuf moutons, un veau.

Ustensiles de labour : neuf charrues, neuf chariots, quatre tombereaux, deux carrosses, une chaise de poste.

Cave : quinze pièces de vin en cercles, vingt-huit tas de bouteilles.

Grange : cent quatre-vingts rasières de blé, cent rasières d'épeautre, soixante-dix rasières d'orge, cinq cents rasières d'avoine.

Clocher : huit cloches, un orgue, un astrolabe, un carillon.

Le foin de la récolte de 1790 et une réserve de 1789 étaient dans une grange et une meule.

Un atelier de charron, un de menuisier, un de charpentier et maçon, une grosse forge, et un atelier de maréchal.

L'inventaire terminé, nous membres du district, avons demandé à chacun des religieux de nous déclarer individuellement leur âge, nom et qualité dans la maison, à quoi ils ont ponctuellement satisfait selon la liste suivante :

1° Dom Marc Verdier, abbé, âgé de 55 ans;
2° Dom Ildephonse Deharchier, âgé de 60 ans, prieur;
3° Dom Joseph Gilles, procureur, âgé de 64 ans;
4° Dom Ambroise Watteau, maître d'hôtel, âgé de 53 ans;
5° Dom Anselme Briet, sous-procureur, âgé de 51 ans;
6° Dom Célestin Macquart, sous-prieur, âgé de 49 ans;
7° Dom Jean Monnier, âgé de 47 ans;
8° Dom Agapit de Beaume, âgé de 48 ans;
9° Dom Jérôme Bequet, âgé de 46 ans, professeur de théologie;
10° Dom Romain Henin, tiers-procureur, âgé de 45 ans;
11° Dom Jacques Oudart, âgé de 46 ans;
12° Dom Benoît Brulé, trésorier, âgé de 43 ans;
13° Dom Michel Elise, bibliothécaire, âgé de 38 ans;
14° Dom Grégoire Carion, chantre, âgé de 34 ans;
15° Dom François Démont, sacristain, âgé de 32 ans;
16° Dom Augustin Delesalle, maître de basse-cour, âgé de 33 ans;
17° Dom Charles Bouchart, âgé de 34 ans;
18° Dom Thomas Leloir, âgé de 30 ans;
19° Dom Etton Larivière, âgé de 30 ans;

20° Frère Lambert Bécart, diacre, âgé de 26 ans ;

21° Frère Louis Tupigny, sous-diacre, âgé de 25 ans ;

22° Frère Humbert Hautecœur, âgé de 26 ans ;

23° Frère Maur Facq, âgé de 25 ans ;

24° Frère André Demaret, affilié, âgé de 24 ans ;

25° Frère Nicolas Levêque, âgé de 45 ans ;

26° Dom René Scohem, détenu à Armentières, à cause de sa démence, âgé de 78 ans.

Nous avons pareillement (continue le procès-verbal) requis de tous les présents de s'expliquer sur leur intention de sortir ou de rester dans le monastère, à quoi chacun d'eux a répondu qu'il voulait vivre et mourir selon ses vœux.

Pas un de ces braves religieux n'a donc apostasié. Tous sont restés fidèles à la foi. L'un d'eux, Dom Etton Larivière, périt sur l'échafaud à Valenciennes le 12 octobre 1794. Il y monta, heureux de donner son sang pour la religion, en chantant le *Te Deum*.

Le 31 décembre 1790, un nouveau récolement a été fait, et les religieux ont signé le procès-verbal, et quatre gendarmes ont été placés dans l'abbaye.

Le mobilier de chaque cellule se composait d'un lit garni en serge avec deux matelas, un lit de plumes, une paillasse, un oreiller, un traversin, une courtepointe, une couverture en laine, une tapisserie en laine avec sa boiserie, une table, deux chaises, des rideaux aux fenêtres, un dessus de porte, et un dessus de cheminée.

Une conséquence de l'inventaire fut la vente de tous les biens désignés ci-dessus. Il y fut procédé les 3, 4 et 7 février 1791 par Jean-Marie Boulenger, administrateur du Directoire du district d'Avesnes, délégué par les administrateurs dudit district, par devant Constantin-Joseph Carton, secrétaire du même district. La vente se borna ces jours-là « aux bestiaux, ustensiles, produits de basse-cour, et meubles relatifs à l'exploitation des biens de la ci-devant abbaye de Liessies. »

Les adjudicataires, pour toutes les ventes, furent tenus de fournir caution et de payer en monnaie de France de vingt sols pour la livre, dans le délai de six semaines, entre les mains du sieur Marit, receveur du district d'Avesnes.

Cette vente comprit :

1o 29 chevaux du prix moyen de 160 fr. environ, le prix du cheval ayant varié de 25 fr. minima à 425 fr. maxima, ci......................	4.550 fr.
2o 12 vaches, prix moyen de 166 fr. environ, minima 76 fr., maxima 246 fr., ci........................	1.976 fr.
3o 17 bœufs à 180 fr., en moyenne, ci	3.070 fr.
4o 3 taureaux pour................	525 fr.

5° 96 bêtes à laine, dont 10 brebis et 3 agneaux, vendus en 8 lots pour 1.113 fr.
6° 8 chariots, du prix moyen de 77 fr., ci........................ 616 fr.
7° 3 tombereaux pour.............. 96 fr.

Plus : instruments de culture, fumier, outils de maréchal et de carrier, outils de vitrier, de menuisier, de charron, bois de menuiserie, de charronnage et à brûler, ustensiles de laiterie, foin, paille, ronds grains, trèfle, une pompe à feu, et des effets mobiliers restés dans quelques chambres : le tout, y compris les bestiaux, forma 176 lots et produisit 16.653 fr.

Le 20 juin 1791 eut lieu, par devant les administrateurs du district, la vente des voitures et chevaux. Les voitures ont été adjugées à 800 fr., et les chevaux à des prix qui varièrent de 200 fr. à 480 fr.

Les 27, 28, 30 juin, 1, 2, 5, 7, 8, 9, 15, 18, 19 et 20 juillet, également par Boulenger, assisté de Carton, ont été vendus « les meubles et effets des ci-devant abbaye et communauté supprimées de Liessies. » Les lots de même nature ne se succédèrent pas dans cette vente inique. Ce fut une dévastation complète. On voulait rendre l'abbaye inhabitable, afin de rendre impossible le retour des moines. Le nombre total des lots fut de 1.262. La vente ayant duré quatorze jours de deux séances, la moyenne fut donc de 90 adjudications par jour.

Les acquéreurs étaient venus d'assez loin et surtout des villages environnants. Ce devait être un spectacle bien navrant que l'enlèvement d'un tel mobilier. Le produit de cette vente donna un chiffre total de 32.338 fr.

Les 26, 27, 28 et 29 octobre, on procéda à la vente de « différents matériaux consistant en plomb, fer, barreaux, portes, etc., saisis chez plusieurs particuliers de Liessies. » Il fut formé 201 lots qui produisirent un total de 9.701 fr.

Le 22 novembre on vendit à Sébastien Roger, de Taisnières, au prix de 620 livres de France, deux meules du moulin à vent de Liessies.

Enfin, le 22 décembre 1792, Simon Jouniaux, de Liessies, se rendit acquéreur, pour 131 livres, du magnifique buffet d'orgue de l'abbaye.

Ces biens d'église et d'abbaye ne firent que passer dans les mains des premiers acquéreurs, morts presque tous peu de temps après dans la misère ou dans le malheur. Un châtiment terrible frappa l'un des spoliateurs qui commencèrent à piller l'église : il tomba du haut de la voûte, et se brisa le crâne auprès du tombeau de Louis de Blois.

Un habitant de Wallers en Fagne, du nom de Jouniaux, acheta à vil prix toutes les constructions de l'abbaye et ses dépendances, et les démolit en grande partie, pour vendre le fer, le bois et les pierres. Les tombeaux mêmes furent profanés et souillés. Jouniaux, qui devait finir misérablement comme les autres, céda ensuite son marché à un apostat nommé Michel Dahiez. Celui-ci, après avoir travaillé à l'œuvre de destruction. habita seul dans le quartier abbatial. Il était là, vivant pauvrement au milieu de ses richesses, vêtu d'habits sordides et déchirés, souffrant de toutes les intempéries de l'air et des saisons. Quand une fenêtre était arrachée et jetée bas par le vent, Dahiez allait chercher dans les greniers et appliquait contre l'ouverture quelque panneau en chêne, souvent encore couvert de peintures. On prétend qu'il avait retiré du tombeau du Vénérable Louis de Blois, une tête et deux ossements qu'on pense être des reliques du réformateur de Liessies, et qui furent retrouvés par des ouvriers entre une voûte et un plancher. Ces ossements, remis entre les mains du curé de Liessies, furent renfermés dans une boîte de bois et placés derrière le chœur. Ce malheureux vécut ainsi jusqu'en 1834, et sa vie si misérable fut regardée par tous comme le châtiment de son crime.

La famille, qui, après de nombreuses mutations, est devenue propriétaire des terrains qu'occupaient les bâtiments de l'abbaye et de la ferme de la Motte, a réuni dans l'un de ses appartements des livres, des manuscrits, des peintures, des objets d'art, un cérémonial monastique, provenant de l'abbaye, épaves que la tempête révolutionnaire avait jetées çà et là et qu'elle a pieusement recueillies.

Tout le reste a été détruit et dispersé. L'église paroissiale sert d'asile à cinq tableaux, à la croix de procession dont nous avons parlé, à de belles statues en bois de saint Lambert et de saint Augustin, et aux deux bustes en marbre de sainte Hiltrude et de Gontard. Les ornements en velours et en satin brodé sont à Solre-le-Château, l'autel à Froid-Chapelle, le carillon à Avesnes.

CHAPITRE IX

Une poésie sur les ruines de l'abbaye de Liessies.

En 1837 M. Auguste Lebeau, d'Avesnes, après avoir visité les ruines de l'abbaye, composa un poème intitulé : *Aux ruines de Liessies.* Ce poëme se trouve dans les archives du Nord, nouvelle série. On ne le lira pas sans intérêt.

Salut, ô lieux sacrés, ô ruines imposantes !
Je ne viens pas troubler vos reliques mourantes,
Ni porter dans ces murs un regard dédaigneux.
Saint asile, longtemps ouvert aux malheureux,
Reçois-moi dans ton sein, opulente abbaye,
Sans redouter les coups d'une main ennemie.

Salut ! Je suis un faible et pauvre voyageur,
Mais j'aime tes débris tout empreints de malheur ;
Mon cœur sait les comprendre et mon âme attendrie,
Comme un triste exilé, croit revoir sa patrie,
La trouvant dévastée après bien de longs ans,
Par le fer et le feu, par l'outrage des temps.

Vers ces lieux désolés à pas lents je m'avance,
Et le bruit de mes pas trouble seul le silence
De ces sentiers légers où l'herbe vient verdir,
Et dont les humbles croix disent qu'il faut mourir.
Moutier de sainte Hiltrude, où sont tes grands portiques,
Et ton portail flanqué de tourelles gothiques ?
L'arche près de crouler tremble sous tes vieux ponts ;
Quelques pierres encor soutiennent tes perrons :
J'en gravis lentement les marches tout usées,
Par le temps et les pas des fidèles creusées.
Là vivaient, pour prier et nous ouvrir les cieux,
Des abbés bienfaisants, des moines vertueux ;
Le pauvre, fatigué du poids de la journée,
Ici goûtait le soir l'oubli de sa tournée.

Mais le pauvre aujourd'hui cherche en vain cet asile,
Qui devant lui s'ouvrait ainsi qu'un port tranquille ;
Et quand mon corps fléchit sous ses membres lassés,
Il n'a pour reposer que tes marbres brisés ;
Ah ! qu'il supporte mieux les maux de cette terre,
En contemplant ici l'excès de ta misère !
Quoi ! ceux que leurs bienfaits partout faisaient bénir,
En paix dans leurs caveaux n'ont même pu dormir !
Tes abbés opulents, couchés dans la poussière,
Ont vu vendre le plomb qui protégeait leur bière ;
Et l'avarice impie, en fouillant tes saints morts,
Au vent a dispersé la cendre de leurs corps.

En voyant dans tes murs le deuil et le malheur,
Solitaire et pensif le morne voyageur
S'émeut, son cœur se serre, et muet il s'arrête;
Puis, les pleurs dans les yeux, passe en baissant la tête.
En vain dans ces débris où tout vient l'oppresser,
Son regard consterné cherche à se reposer.
La désolation partout!... riche abbaye !
Sous tes longs corridors le vent gronde; la pluie
Efface, en s'infiltrant dans tes murs délabrés,
Les dessins délicats de tes plafonds dorés :
Dans leurs panneaux rompus tes vitres si bien peintes
Ne font plus au soleil briller leurs vives teintes ;
L'azur du ciel paraît sous tes combles ouverts,
Exposés sans relâche aux injures des airs ;
Tes murs, nus, dépouillés de leurs riches tentures,
A la fois ont perdu leurs tableaux, leurs peintures,
Leurs livres précieux, leurs rares manuscrits,
Par tes moines savants à grands frais recueillis.

J'avance ; mes pas seuls sur les débris des dalles
Font résonner au loin les échos de tes salles.
Un silence de mort règne en ces lieux déserts
Où s'exhalaient jadis en sublimes concerts
La prière et les chants de tes nombreux lévites.
Les orgues de ta nef sous tes voûtes détruites
Se taisent pour toujours. Leurs sons évanouis
Ne viendront plus charmer les veilles et les nuits.
La voix des pèlerins bénissant sainte Hiltrude
Ne fait plus retentir ta vaste solitude.
Du ciel plus de miracle ! A jamais sont perdus
Tes reliquaires d'or dans le creuset fondus.

Des colonnes, debout parmi tes blancs décombres,
Apparaissent le soir comme de noires ombres
Qui sortant des tombeaux s'en reviendraient errer

Dans ta nef en ruine, et sur elle pleurer.
On voit s'étendre au loin de stériles prairies,
Où les eaux et les fleurs étalaient leurs féeries.
Qui là reconnaîtrait tes jardins somptueux
D'âge en âge embellis, que vantaient nos aïeux ?

L'herbe croît dans la cour du cloître solitaire,
Et le lierre serpente au mur du monastère,
Recouvrant d'un linceul, avec son vert tapis,
Du moutier dévasté les augustes débris.
L'ogive qui se courbe à tes hautes croisées,
Voit le violier pendre à leurs roses brisées.
La bise qui soulève, en sifflant, leurs vitraux,
Paraît plaindre les morts troublés dans tes caveaux ;
Et l'insecte filant sous ta voûte écrasée
Son réseau délicat où tremble la rosée,
Semble avoir suspendu, pour cacher tes malheurs,
De longs voiles de deuil tout parsemés de fleurs.

Qu'as-tu fait de ta gloire, ô superbe abbaye ?

. . . .

Qu'ils sont changés ces temps où le comte Wibert
En Eden transforma ton inculte désert ;
Quand, morte au bruit des cours, à leur faste futile,
Sa noble fille sut, illustrant ton asile,
Par ses vertus, au Ciel, triomphante, monter ;
Quand le peuple avec zèle accourait visiter
Les châsses de tes saints, fertiles en miracles,
Et de Dieu dans tes nefs entendre les oracles !
Te souvient-il des temps où ton nom, ta grandeur,
Partout dans le Hainaut brillait avec honneur ?
Quand les puissants barons choisissaient pour arbitre
Dans leurs graves débats ton illustre chapitre ;
Quand un digne rameau de la tige des Blois,
Le bienheureux Louis sous ses pieuses lois

Jusqu'au faîte élevait ta fortune éclatante,
Que manquait-il encore à ta gloire imposante?
Quel prodige nouveau le lointain avenir
A tes abbés futurs pouvait-il donc offrir?
Un écrasant revers, une chute effroyable,
Ce cachet du malheur, frappant, ineffaçable,
Qu'une grande infortune en nous sait imprimer,
Ah! maintenant tes murs ont tout vu consommer;
Ton éclat s'est éteint, maison de sainte Hiltrude,
Et chaque jour grandit ta morne solitude,
Plus vaste, quand partout on sème tes débris:
Mais tes tours ont vu fuir dix siècles accomplis
Avant que leurs créneaux balayassent la terre
Et qu'une vile mousse ornât ton sanctuaire.

Ne murmure donc pas sur tes cruels destins:
C'est le sort qui s'attache aux œuvres des humains.
Ainsi l'homme lui-même, orgueilleuse poussière,
Brille et retourne en poudre à son heure dernière,
Heureux, alors qu'il laisse un instant après lui
Un bruit faible et léger qui se meurt dans l'oubli.
Mais après toi du moins un écho de ta gloire
Résonnera longtemps pour éveiller l'histoire.
Ton noble souvenir, ta grandeur, tes bienfaits,
Sous tes murs effacés ne périront jamais.
C'est toi qui des vertus offrais tant de modèles,
C'est toi qui protégeais le faible sous tes ailes,
C'est toi qui par le Christ instruite à soulager
Avais toujours des maux à plaindre, à partager,
C'est toi qui de la fraude et du vice ennemie
Soutenais la justice encor mal affermie;
C'est toi dont les abbés, puissants médiateurs,
Sauvaient l'humble vassal des excès des seigneurs,
Frappant au nom de Dieu l'orgueil, la violence.

A l'ombre de tes murs et par ton opulence
Heureux et sans souci vivaient les villageois.
Les pauvres qui glanaient la ramée en tes bois
Se riaient de l'hiver, grâce à leur bienfaitrice.
La hache maintenant au nom de l'avarice
A promené son fer en tes bois défrichés
Et tes vastes étangs, bourbeux et desséchés,
N'offrent qu'un marécage, une aride surface,
Où ne se mire plus la verdoyante face
De tes riants bosquets suspendus sur les eaux.
La brise qui soupire en courbant leurs roseaux,
Murmure un vague chant sourd, triste, monotone,
Comme le bruit du vent dans les feuilles d'automne.

Tout est silence ailleurs... les fêtes d'autrefois
Ne font plus retentir les échos de tes bois ;
On n'entend plus au loin le gai bruit de la chasse,
Ni la meute à grands cris du cerf suivant la trace :
On n'entend plus sonner la fanfare des cors
Proclamant son trépas en de bruyants accords.
Hélas ! c'en est donc fait : pompes, fêtes, prières,
Tout s'est évanoui !... Tes débris solitaires
S'élèvent seuls encor pour attrister nos yeux ;
Tandis que sur les champs le soleil radieux
Brille dans un ciel pur au-dessus de nos têtes
Aussi beau qu'autrefois tes solennelles fêtes
Le voyaient se lever, quand aux jours de bonheur
Ses rayons éclairaient ton antique splendeur.

Riche abbaye, en proie à ce siècle d'airain,
Pensais-tu te soustraire à sa terrible main ?
Répondez, ô saints murs ! — J'écoute... l'écho même
Semble une voix qui crie : « Anathème ! anathème ! »
Oui, sur ceux dont les bras ont sans crainte insulté
Dieu, l'honneur, la patrie, au nom de Liberté.

Eh quoi ! la Liberté, gloire de la patrie,
Dans les hideuses mains de renégats flétrie,
Sur des cendres, des morts, devait-elle régner ?
Au charme de son nom ils avaient su gagner
Le peuple dans l'ivresse, au sortir de sa chaîne,
Renversant les objets signalés à sa haine.
Devant ses maux naguère il avait vu s'ouvrir
Tes trésors, tes greniers offerts pour le nourrir
En des temps de malheur où la faim dévorante
Dans ses serres pressait la pauvreté mourante.
Mais le peuple bientôt oublia tes bienfaits :
Des monstres le poussant à d'horribles forfaits
Comme un crime à ses yeux montraient son opulence :
Et le peuple égaré, sans prendre ta défeuse,
Vit ces monstres briser, dans leur folle fureur,
Ton asile sacré si connu du malheur.
Tes frontons abattus couvrent l'herbe fleurie :
Tes colonnes gisant sous la ronce et l'ortie
Restent pour attester ton antique splendeur
Et nous faire maudire une ère de terreur,
Où, sous le lourd marteau des modernes vandales,
Croulèrent à grands bruits tes magnifiques salles.

O toi qui mollement promènes tes désirs,
Homme frivole et vain, esclave des plaisirs,
Si ton âme parfois de ce monde lassée
S'isole et cherche en vain une grave pensée,
Apporte à ces débris tes méditations :
Vois ces restes vivants des révolutions,
Témoins accusateurs des fureurs populaires,
Dressant leurs fronts brisés pour accuser nos pères ;
Interroge nos jours de fatal souvenir :
Ces marbres mutilés te pourront bien fournir
Une page de plus pour l'effroyable histoire
Des exploits, où jadis brilla la Bande Noire.

Je pensais... et déjà sur le lointain coteau
Une vapeur bleuâtre effaçait le hameau.
Le soleil, s'inclinant derrière le bois sombre,
Des ruines sur l'herbe allongeait la grande ombre.
Je m'éloignais rêveur, comme on laisse le soir
Un vieil ami mourant qu'on ne doit plus revoir.
Salut ! ô murs sacrés ! à regret je vous quitte.
Adieu, je vous devais ma pieuse visite.
Encore quelques jours, pour vous anéantir,
A jamais le marteau contre vous va sévir !...
Adieu ! ces faibles chants de mon âme oppressée
S'exhalèrent pour vous, comme l'humble pensée
D'un pèlerin obscur, peut-être le dernier,
Qui sur vos saints débris sera venu prier.

CHAPITRE X

L'église et les curés de Liessies.

La paroisse de Liessies était, avant la Révolution, du décanat d'Avesnes.

Elle a une étendue de 2.144 hectares.

L'abbé du lieu était le collateur de la cure, dont la taxe, primitivement fixée à 21 sols 5 deniers, s'éleva brusquement dans le XIVe siècle à 21 livres 5 sols.

Le curé jouissait en 1724 d'une portion congrue.

L'église actuelle, qui est l'ancienne église paroissiale, a pour titulaire saint Jean l'Evangéliste.

Elle est du style roman, simple mais bien ornée à l'intérieur. On y remarque le maître-autel tout en marbre surmonté d'un touchant calvaire, l'autel de la sainte Vierge et celui des patrons, sainte Hiltrude et saint Jean l'Evangéliste, la belle statue en bois de sainte Hiltrude, la chaire de vérité, le chemin de croix, les vitraux.

Voici la liste des curés qui l'ont desservie :

V. Gobled, 1593-1606.

D. Droyer, 1606-1631.

C. Druart, 1631-1633.

Jacques Catherine, 1633-1664.

C. d'Hainaut, 1664-1683.

L. Bulto, 1683-1684.

A. Villain, 1684-1685.

Al. d'Alzemberghe, 1685-1697.

C. Ponson, 1697-1710.

Ph. Hannoteau, 1710-1721.

S. Waroquier, 1721-1740.

A.-Jos. Eliet, 1740-1750.

A.-A. Mabille, 1750-1759.

P.-A. Colmont, 1759-1763.

F.-M. George, 1764-1770.

J.-F. Delpature, 1770-1780.

Barbenson, 1780, déporté pour refus de serment en 1791.

(*Chapelet, Rondèle, constitutionnels.*)

BARBENSON, susmentionné, 1802.
A.-J. PRÉVOT, 1803-1809.
Jos. DEROME, 1809-1815.
JACQUES-JOSEPH BISIAU, 1815-1839.
A.-JOSEPH COPPÉE, 1839-1875.
J.-B. VALLEZ, 1875-1888, transféré à Reumont.
GUILLAUME CARLIER, 1888-

Willies, commune du canton de Trélon, appartient à la paroisse de Liessies. Ce village est très ancien. Il est nommé Wilhies dans un diplôme du roi Dagobert de l'an 634, et dans un autre de Pépin. Une charte d'Odon, évêque de Cambrai, de l'an 1112, en parle également. Néanmoins il a toujours joué un rôle très subalterne : car on ne le mentionne aucunement dans les pouillés des siècles suivants Avant la Révolution, son territoire était appliqué en grande partie à la paroisse de Liessies; le reste était compris dans celle d'Eppe-Sauvage. En l'an XI, Willies fut rattaché pour le culte à Eppe-Sauvage, décanat de Trélon, mais au bout d'un an, il fut incorporé dans la succursale de Liessies. Cette réunion existe toujours. Willies a pour patrons saint Pierre et sainte Hiltrude.

PRATIQUES DE PIÉTÉ

EN L'HONNEUR DE SAINTE HILTRUDE

Litanies de sainte Hiltrude.

SEIGNEUR, ayez pitié de nous.
Jésus-Christ, ayez pitié de nous.
Seigneur, ayez pitié de nous.
Jésus-Christ, écoutez-nous.
Jésus-Christ, exaucez-nous.
Père céleste, qui êtes Dieu, ayez pitié de nous.
Fils Rédempteur du monde, qui êtes Dieu, ayez pitié de nous.
Esprit Saint, qui êtes Dieu, ayez pitié de nous.
Trinité Sainte, qui êtes un seul Dieu, ayez pitié de nous.
Sainte Marie, Mère de Dieu, priez pour nous.
Sainte Marie, Reine des Anges et des Saints, priez pour nous.
Sainte Marie, Mère des hommes,
Sainte Hiltrude, patronne de Liessies,
Sainte Hiltrude, prévenue dans le Baptême de grâces abondantes,
Sainte Hiltrude, adonnée, dès votre enfance, à la pratique de la vertu,

Priez pour n.

Sainte Hiltrude, vivant dans la maison paternelle de la vie angélique du cloître, priez pour nous.

Sainte Hiltrude, privilégiée du don de prière,

Sainte Hiltrude, adoratrice fervente de la divine Eucharistie,

Sainte Hiltrude, saintement avide de l'auguste Sacrifice de la Messe,

Sainte Hiltrude, lys de délicate pureté,

Sainte Hiltrude, admirable d'abandon en la divine Providence,

Sainte Hiltrude, miroir de véritable piété,

Sainte Hiltrude, toujours animée de la foi la plus soumise,

Sainte Hiltrude, inébranlable dans l'espérance des biens futurs,

Sainte Hiltrude, embrasée de l'amour divin,

Priez pour nous.

Sainte Hiltrude, constamment fidèle à Jésus, votre unique Epoux,

Sainte Hiltrude, trésor inépuisable de charité pour le prochain,

Sainte Hiltrude, unissant les austérités de votre vie aux souffrances du Rédempteur,

Sainte Hiltrude, vous immolant avec Jésus pour les justes et les pécheurs,

Sainte Hiltrude, acceptant la mortification de Jésus-Christ,

Sainte Hiltrude, réunissant en vous l'innocence et les privations de la vie pénitente,

Priez pour nous.

Sainte Hiltrude, modèle d'abnégation et d'humilité, priez pour nous.
Sainte Hiltrude, prodige de patience et de bonté,
Sainte Hiltrude, faisant vos délices de la solitude et du silence,
Sainte Hiltrude, persévérante jusqu'à la fin,
Sainte Hiltrude, joyeuse de rendre votre âme dans la paix du Seigneur.
Sainte Hiltrude, exaltée de Dieu par de nombreux miracles, durant votre vie et après votre mort,
Sainte Hiltrude, très puissante pour préserver ou guérir de la fièvre,
Sainte Hiltrude, consolatrice des affligés,
Sainte Hiltrude, protectrice de ceux qui vous implorent,
Sainte Hiltrude, justement honorée, depuis de longs siècles, de la confiance des pèlerins,
Sainte Hiltrude, notre plus pure gloire,
Sainte Hiltrude, notre puissante Avocate,

Priez pour nous.

Agneau de Dieu, qui effacez les péchés du monde, pardonnez-nous, Seigneur.

Agneau de Dieu, qui effacez les péchés du monde, exaucez-nous, Seigneur.

Agneau de Dieu, qui effacez les péchés du monde, ayez pitié de nous, Seigneur.

℣. Priez pour nous, sainte Hiltrude,

℟. Afin que nous soyons dignes des promesses de Jésus-Christ.

PRIONS

O Dieu, Sauveur du monde, écoutez avec bienveillance les humbles prières que nous vous adressons en l'honneur de sainte Hiltrude, votre Vierge et notre Patronne. Daignez par Elle nous accorder l'allégresse du cœur, l'ardeur de la piété et la persévérance dans la dévotion. Nous vous le demandons par Jésus-Christ, Notre-Seigneur. AINSI SOIT-IL.

Neuvaine à sainte Hiltrude.

On conseille de réciter chaque jour *3 Pater* et *3 Ave Maria,* et les Litanies de sainte Hiltrude, et il est bon d'ajouter à ces prières une méditation comme il suit.

PREMIER JOUR

Sainte Hiltrude admirable par son esprit de prière.

L'ARCHANGE Raphaël disait aux parents du jeune Tobie : « Je suis un des sept anges qui demeurent devant la face de Dieu. Je paraissais manger et boire avec vous, mais j'use d'une nourriture, je bois d'un breuvage que l'œil de l'homme ne peut voir. » Ainsi en est-il de celui qui se recueille sans cesse en Dieu par l'oraison, lui parle, l'écoute parler. Il semble vivre de la vie des autres hommes, il s'assied à leur table, il mange leur pain, il boit à la même coupe; mais, en vérité, il se nourrit d'autres mets, il boit un vin invisible, Dieu lui-même lui sert de nourriture et de breuvage. Et c'est ce qui explique pourquoi il sort de sa prière comme un homme qui se lève de table renouvelé et plein de force. Sainte Hiltrude en a été là toute sa vie. Son oreille a été persévérante à écouter Dieu, ses yeux ont toujours été limpides pour refléter sa lumière. Aussi, sa prière achevée, apparaissait-elle au prochain dans un plus bel éclat de grâce et de sainteté, et, précisément parce qu'elle était remplie des dons de Dieu, lui était-il facile de les répandre avec abondance et efficacité dans les âmes avec lesquelles elle se trouvait en contact. — A son exemple, prions, nous aussi, et ne nous lassons jamais. Faisons-le surtout en famille matin et soir. L'enfant dans sa faiblesse, l'adolescent dans ses luttes, l'homme mûr parmi ses sollicitudes et ses soucis, le vieillard dans ses infirmités et son délaissement, tous nous avons besoin de secours. Or prier, c'est trouver Dieu, et c'est dès lors garder la justice, être sûr d'une paix imperturbable, s'acheminer vers le Ciel.

DEUXIÈME JOUR

Sainte Hiltrude admirable quand elle assiste à la Messe.

Rien ne devait être beau comme sainte Hiltrude assistant à l'auguste sacrifice de nos autels. Toute remplie de Dieu, elle suivait la grande action avec foi et piété. Elle contemplait la divine Victime avec les yeux de son cœur. Elle louait Jésus et le bénissait, se répandant en de douces confidences, en de suaves colloques, que l'amour sait prolonger sans se répéter jamais. Et parce qu'elle ne séparait point dans sa charité le prochain de Dieu, elle portait, chaque fois qu'elle se rendait à l'église, les besoins de sa famille spirituelle, de ses concitoyens, des pauvres et des malades qu'elle visitait. Elle confiait à Celui qui est la Toute-Puissance et la Miséricorde infinie, le sort de tous et de chacun, leur avenir, leurs destinées éternelles. — Sont-ce là nos dispositions quand nous assistons au Saint Sacrifice ? Avons-nous soin d'écarter de notre esprit toutes distractions afin de bien confier au Cœur de Jésus nos soucis, nos espérances, nos résolutions ? Pères et mères de famille, lui parlons-nous des intérêts surnaturels de nos enfants ? Offrons-nous à ses bénédictions ces chers petits pour qu'il les dirige, les éclaire, les fortifie ?

TROISIÈME JOUR

Sainte Hiltrude admirable lorsqu'elle communie.

Les délices de Notre-Seigneur sont de descendre dans nos cœurs par la sainte communion. Et cela se comprend, car comme Jésus nous aime et qu'il veut nous donner à son Père pour l'éternité, sa grande ambition est d'imprimer en nous sa ressemblance, peintre divin qui, après s'être formé en nous par le baptême, reprend sans cesse ses pinceaux pour parfaire cette œuvre si importante, jusqu'au moment dont il est seul juge, où, laissant son travail, constatant qu'il est ce qu'il désirait, il s'écrie : « Que belle est votre âme ! Elle est bien ma sœur, mon épouse. Venez, que je vous couronne ! » Hiltrude avait compris ce dessein de Jésus. Elle réfléchissait, chaque fois qu'elle s'approchait de la sainte Table, les rayons du soleil de justice comme une onde pure réfléchit les rayons de l'astre du jour. Aussi, chaque fois augmentait-elle dans le silence, la solitude du cœur, le pur amour, le dévouement, la patience, l'immolation. — Communions souvent, nous aussi. Jésus-Christ est la vie de notre âme, et son Sacrement est la source de toutes les vertus. Communions saintement surtout, nous préparant avec foi, piété et amour, soignant de notre mieux notre action de grâces et la continuant par une vie vraiment changée. En un mot, communions comme sainte Hiltrude, et, comme elle, nous obtiendrons tous les secours de choix qui font les Saints, qui en font les victimes de Dieu, les hosties destinées au sacrifice, consacrées, à la manière de Jésus, à la très sainte et très auguste volonté de son Père.

QUATRIÈME JOUR

Sainte Hiltrude admirable par son humilité.

Saint Augustin a écrit que toute la Religion consiste à imiter ce que nous adorons. Or qui ne sait que Jésus-Christ par l'Incarnation a pris la forme d'un esclave, d'un pénitent et d'un coupable ? que par la Rédemption il est devenu sur la croix l'opprobre des hommes, l'abjection de la populace, un ver de terre ? que par l'Eucharistie, achevant de disparaître, il se fait lui-même, sous la forme d'un pain vulgaire, notre aliment ? C'est bien là l'humilité. Sainte Hiltrude, s'étant vouée à Jésus, l'ayant choisi pour époux, faisait tout pour lui ressembler sur ce point capital. Pensées, sentiments, paroles, tout partait de là. L'humilité inspirait tout dans son innocente vie, y gouvernait tout, y gravait partout son empreinte. — Est-ce là notre conduite ? Est-ce que paraître, jeter de l'éclat, faire du bruit, attirer à nous l'attention, ce n'est pas la plus habituelle de nos préoccupations ? Souvenons-nous donc enfin une bonne fois de notre triple indignité de créatures, de créatures souillées de la faute originelle, de créatures personnellement coupables pour avoir librement et trop souvent péché. Apprenons de

Jésus, notre divin modèle, qu'il a été doux et humble de cœur. Ne perdons jamais de vue que, si Dieu résiste aux superbes, c'est aux humbles qu'il donne sa grâce.

CINQUIÈME JOUR

Sainte Hiltrude admirable par sa mortification.

Pour que le souffle divin pousse une âme en haut, il faut que cette âme ait déployé elle-même ses ailes. Or, qui ne sait que c'est la mortification corporelle qui produit cet effet si désirable ? Quiconque ignore cette science de se vaincre n'arrivera jamais à la sainteté. Hiltrude, prévenue de la grâce du Saint-Esprit, fut toute sa vie vaillante à se dompter. Toute jeune, elle renonce aux avantages du monde et d'un brillant parti et se fait recluse, sachant bien que dans sa pauvre cellule il lui faudra jeûner, se donner la discipline, veiller, mourir à sa volonté. Elle n'aspire qu'à multiplier les mortifications. Peu importe que sa constitution, robuste pourtant, s'use bien vite. Elle s'en réjouit, car, si les murailles de sa maison terrestre s'écroulent, l'âme pendant ce temps-là grandit, s'illumine, se déifie. — Pour nous, si les austérités des Saints nous effraient ou nous sont impossibles, sachons au moins accepter généreusement les abstinences et les jeûnes qui nous sont imposés par notre sainte Mère l'Eglise, souffrir les incommodités des saisons, supporter la maladie, nous plier au caractère de ceux qui nous entourent. Rien ne peut nous être plus utile, puisque la souffrance bien acceptée c'est la condition du mérite, la monnaie qui achète le ciel, le trésor le mieux abrité contre les voleurs.

SIXIÈME JOUR

Sainte Hiltrude admirable par sa confiance en Dieu.

La vie, qui est un labeur et un combat, suppose en nous la force. Or, cette force que nous ne pouvons trouver en nous-mêmes, c'est Dieu qui nous la donne. « Je puis tout, dit saint Paul, en Celui qui me fortifie. » Cette force a brillé en sainte Hiltrude, car quel moyen pour elle de quitter avec tant de courage le foyer domestique et de fuir au loin pour échapper aux sollicitations de l'esprit du monde, puis de pratiquer dans le silence de sa cellule une perfection qui était l'admiration du ciel et de la terre ? — Ayons, nous aussi, une invincible confiance en Dieu. On a défini cette vertu le parfum de la charité. la fleur de la piété. Et c'est juste, car Dieu n'est jamais plus sûr de nous que quand nous sommes sûrs de lui. La confiance l'attire dans notre cœur, et dès lors est-il possible que nous voyions de mauvais œil ce qu'il fait ou permet. et ne sommes-nous pas fixés dans cet état, dont il est dit : « La charité croit tout, espère tout, supporte tout ? »

SEPTIÈME JOUR

Sainte Hiltrude admirable par sa charité fraternelle.

NON seulement sainte Hiltrude pratiquait cette charité qui se manifeste par les égards, la douceur constante, une patience inaltérable, mais ses historiens remarquent spécialement le soin qu'elle prenait de ceux qui souffraient. Son bonheur était de les visiter. Elle leur portait le pain matériel et le pain spirituel. Elle leur offrait, avec cette bonté délicate qui double le prix du présent, des vêtements qu'elle leur avait préparés de ses mains. Lui annonçait-on qu'un pauvre était dangereusement malade ? elle accourait, elle le consolait, elle appelait les prêtres, elle assistait aux prières qui accompagnent l'administration du Viatique et les dernières onctions, et, quand la mort arrivait, elle était encore là pour offrir à Jésus l'âme qui s'envolait vers lui. — Soyons, nous aussi, très bons pour nos frères. Rendons-leur avec esprit de foi les soins qu'ils réclament, si pénibles qu'ils puissent nous paraître. Devenons leur bon Ange. Ce que nous faisons pour eux, c'est à Jésus-Christ lui-même que nous le faisons. Et n'est-ce pas une belle préparation à la gloire éternelle que ce ministère de dévouement pour lequel il nous sera dit : « Venez, béni de mon Père ! j'étais malade, et vous m'avez visité ! j'avais faim, et vous m'avez nourri ! »

HUITIÈME JOUR

Sainte Hiltrude admirable dans sa mort.

Les derniers feux de l'automne dorent les fruits de nos jardins, ils achèvent de les mûrir, ils leur donnent ce goût, cette saveur exquise qui les rend dignes d'être servis sur la table d'un roi. Ainsi en fut-il de sainte Hiltrude. Son automne vint vite, parce qu'elle faisait doubles et triples ses journées. A chaque instant elle ajoutait un trait à sa ressemblance avec Jésus. Comme saint Paul, elle souhaitait cette mort qui est un gain, puisqu'elle révèle le Christ et le donne à l'âme qui l'a cherché avec persévérance. Et la mort est venue, pleine d'une merveilleuse douceur, apportant avec elle une lumière qui était pour les religieux de Liessies comme la manifestation de l'âme angélisée de leur fondatrice. — Vivons comme sainte Hiltrude. La grâce est là qui nous presse. Usons-en pour ajouter mérites à mérites, nous détacher du monde et de nous-mêmes, nous laisser absorber par Jésus. Et notre départ sera aussi plein d'allégresse, et la lumière qui enveloppera alors notre âme sera l'aurore de cette lumière éternelle dans laquelle nous verrons la Lumière elle-même.

NEUVIÈME JOUR

Sainte Hiltrude admirable dans la gloire.

JE me figure sainte Hiltrude au Ciel sous les traits charmants de Rébecca, quand, se tenant près de la fontaine où elle avait puisé de l'eau, elle donnait à boire à Eliezer et à son troupeau. Jésus, au Paradis, lui a confié, pour les habitants du pays où elle a vécu, un vase précieux d'où coule sans cesse l'eau de la grâce. Cette grâce qu'elle nous offre, est intarissable comme sa bonté. Elle ne demande qu'à la répandre, et elle nous veut vraiment tout bonheur et tout bien. Sollicitons donc avec confiance et disons-lui : O chère et aimable Sainte, qui avez accompli tant de merveilles dans le passé, descendez encore vers nous toutes les fois que nous souhaiterons votre protection et votre aide, abaissez à notre portée l'urne de la grâce que Dieu a placée entre vos mains, faites-le toujours avec la même prévenance charitable, avec une tendre compassion, et surtout obtenez-nous qu'après avoir imité vos vertus, nous partagions votre gloire éternelle. Ainsi soit-il.

DIRECTOIRE

POUR LE GRAND PÈLERINAGE

EN L'HONNEUR DE SAINTE HILTRUDE

Le mardi après le dernier dimanche de Septembre.

Avant le départ de l'église paroissiale.

Vocation de sainte Hiltrude.

2

Toute à Jésus, vous délaissez le monde;
D'un fils de roi vous dédaignez la main :
De ses faveurs le bon Dieu vous inonde,
Et votre cœur entend l'appel divin.

3

Vous avez fui les époux de la terre,
Laissant au loin le château paternel ;
Votre maison, c'est le bois solitaire,
Et votre époux, c'est l'Epoux immortel.

4

Pour vous jaillit cette pure fontaine ;
Vous obtenez du Seigneur tout-puissant
Que de ses eaux la vertu souveraine
Sache guérir le fiévreux languissant.

5

Mais Dieu vous dit : « Quittez la solitude,
« Près de l'autel fixez votre séjour. »
Le doux Jésus pour sa fidèle Hiltrude,
Veut devenir le pain de chaque jour.

6

Brise les liens de la terrestre vie,
Céleste cœur, d'amour saint consumé.
A son festin ton Epoux te convie :
Va posséder Jésus, ton bien-aimé.

7

Puissent pasteurs, pèlerins et paroisse,
De votre cœur être les protégés !
Grâce à vos dons, que la ferveur s'accroisse,
Et que nos maux par vous soient allégés.

8

Et lorsqu'enfin, notre course finie,
Par Jésus-Christ nous serons appelés,
Ah ! dites-lui, de votre voix bénie :
« Ils sont les miens : Jésus, recevez-les ! »

Hymne des vierges.

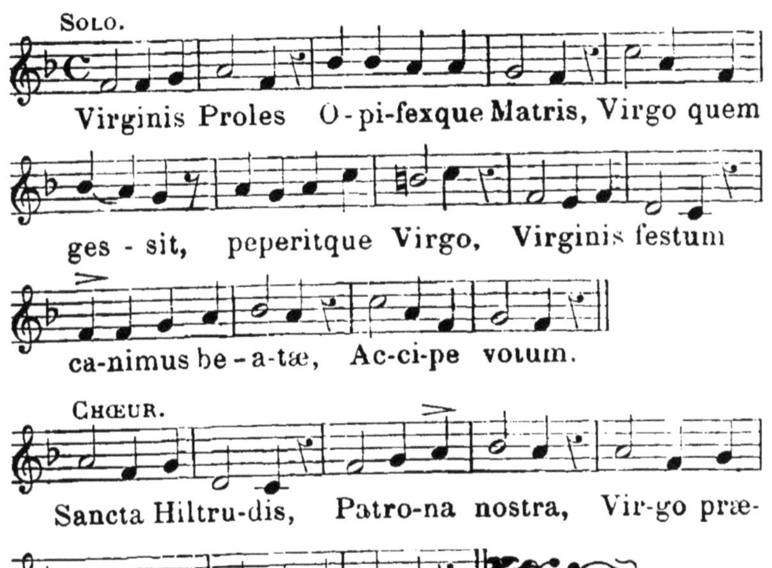

2

Hujus oratu, Deus alme nobis
Debitas pœnas scelerum remitte ;
Ut tibi puro resonemus almum
Pectore carmen.

3

Sit decus Patri, genitæque Proli,
Et tibi, compar utriusque virtus,
Spiritus semper, Deus unus omni
Temporis ævo.

Les trois Livres de sainte Hiltrude.

2

Et l'astre qui rayonne
Pour elle est un miroir
Du bon Dieu qui se donne
Dans le beau jour sans soir.

3

Son livre, l'Evangile,
Parole du Seigneur,
De son esprit docile
Inspire la ferveur.

4

Le monde trouve austère
De suivre Jésus-Christ,
Mais la sœur et le frère
S'en montrent tout épris.

5

Devant l'Eucharistie
Tous deux ils s'abîmaient;
Les feux de la Patrie
Déjà les consumaient.

6

Et la blanche colombe
Dans les cieux s'envola,
Et bientôt sur sa tombe
Le miracle brilla.

7

O bonne sainte Hiltrude !
Oh ! souviens-toi de nous !
Vers la béatitude
Sois notre guide à tous !

Psaume des matines de l'Office de sainte Hiltrude.

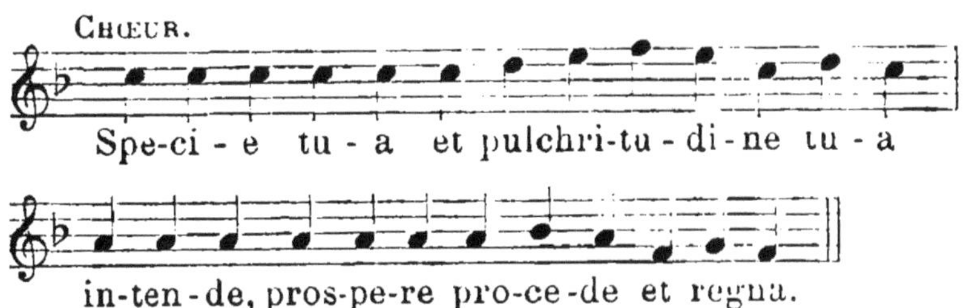

Solo. *Psaume,* 1er *verset.*

Lingua mea calamus scribæ, * velociter scribentis.

Speciosus forma præ filiis hominum, diffusa est gratia in labiis tuis : * propterea benedixit te Deus in æternum.

Accingere gladio tuo super femur tuum, * potentissime.

Specie tua et pulchritudine tua * intende, prospere procede, et regna.

Propter veritatem, et mansuetudinem, et justitiam, * et deducet te mirabiliter dextera tua.

Sagittæ tuæ acutæ, populi sub te cadent, * in corda inimicorum regis.

Sedes tua, Deus, in sæculum sæculi : * virga directionis, virga regni tui.

Dilexisti justitiam, et odisti iniquitatem : * propterea unxit te Deus, Deus tuus, oleo lætitiæ præ consortibus tuis.

Myrrha, et gutta, et casia a vestimentis tuis, a domibus eburneis : * ex quibus delectaverunt te filiæ regum in honore tuo.

Astitit Regina a dextris tuis in vestitu deaurato : * circumdata varietate.

Gloria Patri, et Filio, * et Spiritui sancto.

Sicut erat in principio, et nunc et semper, * et in sæcula sæculorum. Amen.

Louanges et prières à sainte Hiltrude.

Je veux di-re vos louanges, Vierge chère à nos aï-

eux ! Ah ! que n'ai-je des saints Anges Les ac-

cents mé-lo - di - eux !

O Patron-ne douce et bonne, Ecoutez ces chants pi-

eux: Tous ho - no-rent, tous im-plorent Sainte Hil-

trude en ces doux lieux.

2

Ne voulant, sur cette terre,
Que Jésus pour seul époux,
Dans ce bois tout solitaire,
Vous fuyez bien loin de tous.

3

Toujours Dieu règne en votre âme
Par son noble et saint amour ;
Votre zèle est une flamme
Qui grandit de jour en jour.

4

Le malade, en sa chaumière,
Vous appelle son soutien :
Et vous êtes une mère
Pour la veuve et l'orphelin.

5

Vient la mort : Dieu vous appelle
Pour vous joindre à ses élus.
Jésus dit : « Vierge fidèle,
« Vous ne me quitterez plus. »

6

Maintenant que la couronne
Sur le front vous resplendit,
Près de Dieu, pour qu'il pardonne,
Employez votre crédit.

7

Obtenez pour nous la grâce
De mourir en bons chrétiens,
Et qu'un jour Jésus nous place
Dans le ciel, parmi les siens.

Messe du Pèlerinage.

LORSQUE la procession arrive auprès de la chapelle, les Pèlerins se placent autour de l'autel provisoire élevé en plein air.

Le Célébrant commence aussitôt le saint Sacrifice de la Messe. Cette Messe est dite pour toutes les personnes présentes, et l'assistance doit s'unir au Prêtre pour glorifier Dieu, pour honorer sainte Hiltrude, et pour demander les grâces et les bénédictions du ciel par l'intercession de notre vénérée Patronne.

Les pèlerins sont invités, dans l'intérêt de l'édification qu'ils se doivent les uns aux autres, à garder le silence et à ne pas circuler pendant la messe.

Après l'Evangile, le Prédicateur monte en chaire et donne le Sermon. La *Musique de Liessies,* qui, chaque année, prête son concours pour la procession, se fait entendre de nouveau, à l'offertoire.

Après l'élévation, on entonne le *Tantum ergo* ou un autre chant en l'honneur du Très Saint Sacrement, et les Assistants reprennent en chœur les premières paroles.

Lorsque la Messe est terminée, les Pèlerins se rendent à la chapelle pour vénérer la relique de sainte Hiltrude et recevoir les Evangiles; la procession reprend aussitôt le chemin de l'église paroissiale.

Tous les Pèlerins sont instamment priés d'accompagner la procession à l'aller et au retour, et d'unir leur voix à celle des prêtres pour chanter les louanges de sainte Hiltrude, et pour réciter le chapelet.

Au départ de la Chapelle

Pour le retour de la Procession.

Vertus et puissance de sainte Hiltrude.

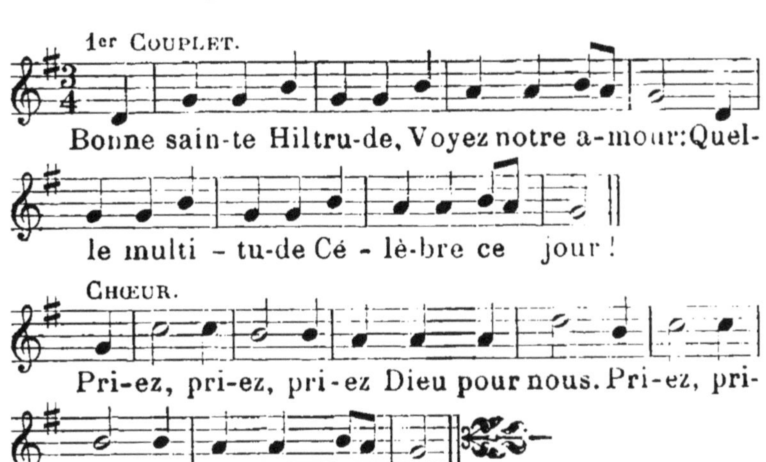

2

Votre âme du monde
Fuit les vains plaisirs;
La grâce l'inonde,
Comble ses désirs.

3

Vous gardez la gloire
De la pureté;
C'est une victoire
De l'humilité.

4

Humble et charitable,
Votre noble cœur
Se fait secourable
A toute douleur.

5

Toujours, en votre âme,
Croît le saint amour;
Ardente est sa flamme
Jusqu'au dernier jour.

6

Grande est votre gloire,
Grand votre crédit :
Votre sainte histoire
A tous le redit.

7

Emule des Anges,
Honneur de ce lieu,
Portez nos louanges
Au trône de Dieu.

8

Priez-Le qu'Il daigne
Nous garder sa paix ;
Priez-Le qu'Il règne
Sur nous, à jamais.

Psaume des Matines de l'Office de sainte Hiltrude.

Et concupiscet Rex decorem tuum : * quoniam ipse est Dominus Deus tuus, et adorabunt eum.

Et filiæ Tyri in muneribus ; * vultum tuum deprecabuntur : omnes divites plebis.

Omnis gloria ejus filiæ Regis ab intus, * in fimbriis aureis circumamicta varietatibus.

Adducentur Regi virgines post eam ; * proximæ ejus afferentur tibi.

Afferentur in lætitia et exultatione, * adducentur in templum Regis.

Pro patribus tuis nati sunt tibi filii : * constitues eos principes super omnem terram.

Memores erunt nominis tui * in omni generatione et generationem.

Propterea populi confitebuntur tibi in æternum : * et in sæculum sæculi.

Gloria Patri, et Filio, * et Spiritui sancto.

Sicut erat in principio, et nunc et semper, * et in sæcula sæculorum. Amen.

Sainte Hiltrude, protectrice des familles.

2

Tes reliques si chères,
Comme un parfum d'encens,
Font monter nos prières :
Veille sur tes enfants.

3

Ange de solitude,
Sur les berceaux dormants,
Ouvre ton aile, Hiltrude.
Veille sur tes enfants.

4

Sauve nos jeunes filles
Des plaisirs séduisants ;
Garde en paix nos familles :
Veille sur tes enfants.

5

Donne vertu, courage,
A tous nos jeunes gens ;
A la guerre, au village,
Veille sur tes enfants.

6

Donne, Hiltrude, à nos mères,
Donne des fils vaillants ;
Force et joie à nos pères :
Veille sur tes enfants.

7

Aide notre vieillesse,
Guide ses pas tremblants ;
Garde-lui la sagesse :
Veille sur tes enfants.

8

Notre course finie,
Viens des bleus firmaments ;
Aide à notre agonie,
Veille sur tes enfants.

Rythme en l'honneur de sainte Hiltrude.

On peut répéter la première strophe ou bien chanter après chaque strophe « *Gaude Lætia.* »

TEXTE

2

Hiltrudis cum gaudio
Dei vota Filio
Floruit ut lilium
Harum decus vallium.
— Gaude Lætia —

3

Dum Hiltrudem canticis
Sancti laudant cœlicis
Juncti nos cœlestibus
Carmen demus vocibus.
— Gaude Lætia —

4

Nunc, Hiltrudis, civibus
Fave supplicantibus
Et post hoc exilium
Duc ad limen patrium.
— Gaude Lætia —

5

O beata Trinitas,
O perennis Unitas,
Per Hiltrudis merita
Regna confer inclyta.
— Gaude Lætia —

TRADUCTION

1

En son jour natal
Dans sa patrie terrestre
Liessies chante pieusement
Les louanges d'Hiltrude.
— Honneur à Liessies —

2

Hiltrude en sa joie
Se voue au Fils de Dieu ;
Elle fleurit comme un lys
Honneur de nos vallons.
— Paix à Liessies —

3

Alors que dans les cieux
Les Saints célèbrent Hiltrude,
Joignons nos voix aussi
A leurs concerts célestes.
— Gloire à Liessies —

4

Oh ! maintenant, Hiltrude,
Sois propice à tes compatriotes
Et cet exil enfin terminé
Conduis-les en l'autre Patrie.
— Bonheur à Liessies —

5

Heureuse Trinité,
Ineffable Unité,
Par les mérites d'Hiltrude
Donnez-nous le règne à jamais.
— Eternel salut à Liessies —

Miracles de sainte Hiltrude.

2

En ce brillant habitacle
  Dorment tes ossements :
Trésor fertile en miracle,
  Espoir des suppliants.

3

La céleste mélodie
Honore ton tombeau ;
Ravi, ton peuple dédie
A toi l'autel nouveau.

4

Les ardeurs de l'incendie,
Devant tes os sacrés,
Les feux de la maladie
S'arrêtent conjurés.

5

Tu guéris les corps, les âmes,
Tu sèmes les bienfaits,
Eteins du fiévreux les flammes ;
Rends-nous chrétiens parfaits.

6

Tous les cœurs ont confiance
En ton puissant secours :
Hiltrude ! à leur espérance
Ton cœur répond toujours.

7

Daigne encor, Vierge chérie,
Ouïr ce dernier vœu :
Dans la céleste Patrie,
Fais-nous posséder Dieu !

Cantique d'actions de grâces.

(On chante ce cantique lorsqu'on approche de l'église paroissiale. L'antienne est reprise après chaque verset du *Magnificat.*)

Quïa respexit humilitatem ancillæ suæ, * ecce enim ex hoc beatam me dicent omnes generationes.

Quia fecit mihi magna qui potens est, * et sanctum Nomen ejus.

Et misericordia ejus a progenie in progenies * timentibus eum.

Fecit potentiam in brachio suo, * dispersit superbos mente cordis sui.

Deposuit potentes de sede, * et exaltavit humiles.

Esurientes implevit bonis, * et divites dimisit inanes.

Suscepit Israel puerum suum, * recordatus misericordiæ suæ.

Sicut locutus est ad patres nostros, * Abraham, et semini ejus in sæcula.

Gloria Patri et Filio, * et Spiritui sancto.

Sicut erat in principio, et nunc, et semper, * et in sæcula sæculorum. Amen.

Autre chant du Magnificat.

Refrain à intercaler entre chaque verset.

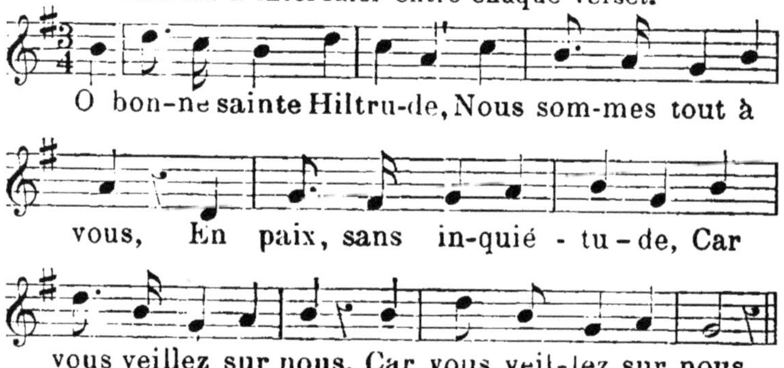

Lorsque le clergé est entré dans le chœur de l'église, on chante le verset :

℣. Diffusa est gratia in labiis tuis.

℟. Propterea benedixit te Deus in æternum.

OREMUS

Deus qui nos beatæ Hiltrudis, virginis tuæ, annua solemnitate lætificas : concede propitius, ut ejus adjuvemur meritis cujus castitatis irradiamur exemplis. Per Dominum nostrum Jesum Christum, Filium tuum, qui tecum vivit et regnat in unitate Spiritus sancti Deus, per omnia sæcula sæculorum. ℟. Amen.

Prière à saint Jean, Apôtre.

℣. Hic est discipulus ille, qui testimonium perhibuit de me.

℟. Et scimus quia verum est testimonium ejus.

OREMUS

Ecclesiam tuam, Domine, benignus illustra : ut beati Joannis Apostoli tui et Evangelistæ illuminata doctrinis, ad dona perveniat sempiterna. Per Dominum nostrum, Jesum Christum, Filium tuum, qui tecum vivit et regnat in unitate Spiritus sancti Deus, per omnia sæcula sæculorum. ℟. Amen.

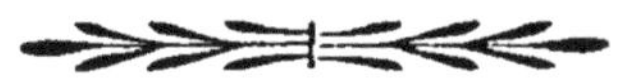

HYMNES

TIRÉES DE L'OFFICE DE SAINTE HILTRUDE

Fête du 27 septembre.

AUX VÊPRES

Air : *Sacris solemniis...*

DECANTET Lætia carmen lætitiæ,
Collaudet Dominum datorem gratiæ
Qui gaudet plurimum hortis Ecclesiæ
Sacratis flores legere.

QUE Liessies entonne un chant d'allégresse. Qu'il loue le Seigneur dispensateur de la grâce, qui se plaît sans cesse à cueillir des fleurs dans les jardins sacrés de l'Eglise.

Hic videns roseo vultu clarescere
Inter virgineas Hiltrudem violas,
Ejus eximia pollectus specie
Manum misit et abstulit.

A la vue d'Hiltrude resplendissant du plus brillant éclat parmi les violettes virginales, gagné par ses charmes, il avança la main et l'enleva.

Sponsus dulcissimus ulnis dulcissimis

Ce très doux Epoux des âmes, serrant dans ses bras

sa très douce épouse, se l'unit de plus près pour toujours dans les joies du Paradis.

Sponsæ dulcissimæ complectens animum,
Eam perenniter in cœli gaudiis
Sibi junxit vicinius.

C'est ainsi que sa pureté fut agréable à Celui qui est la pureté même, que son service fut irréprochable devant le Seigneur, et c'est pourquoi Jésus-Christ voulut lui donner la récompense de la gloire éternelle.

Sic nempe placuit pura purissimo,
Sic pergrata fuit ancilla Domino,
Sic Christus voluit Hiltrudem præmio
Jugis beare gloriæ.

Que ce chant glorifie le Père, le Fils et le Saint-Esprit, et porte avec une vive allégresse nos joies et notre gratitude au Dieu qui ne change pas.

Ainsi soit-il.

Patri et Filio, Sanctoque Flamini
Psallat hæc concio, dicatque jubili
Summo lætitias et grates Numini
Ævo nullo mutabili.
Amen.

A LAUDES

Air : *Jesu, corona virginum...*

CHANTONS d'une âme joyeuse la solennité de l'épouse de Jésus-Christ : car Liessies tressaille de bonheur en la fête de la vierge Hiltrude.

SPONSÆ Christi solemnia
Lætis colamus mentibus,
Hiltrudis festo virginis
Felix exultat Lætia.

Hiltrudis, clara genere,
Sed multo clarior fide,
Vera falsis præposuit
Dum mundo Christum
prætulit.

Quidquid caducum continet
Hic orbis ambitu suo,
Id Virgo prudentissima
Corde calcavit integro.

Æterni validissimo
Regis amore saucia,
Carnales sprevit nuptias,
Ut sectaretur cælicas.

Nunc Sponso juncta virginum
Sanctis gaudet deliciis;
Semper nos ante Dominum
Suis excuset meritis.

Virtus, honor, laus, gloria,
Deo Patri cum Filio,
Sancto simul Paraclito
In sæculorum sæcula.
Amen.

Hiltrude, de naissance illustre, mais plus illustre encore par sa foi, préféra les vrais biens aux faux, en mettant Jésus-Christ au-dessus du monde.

Tout ce que l'univers possède en lui de passager, cette vierge très prudente l'a méprisé dans l'entière liberté de son cœur.

Eprise du plus fort des amours pour le Roi éternel, elle rejeta les alliances terrestres pour être digne des noces éternelles du ciel.

Et maintenant, unie à l'Epoux des vierges, elle est inondée de délices. Oh! que toujours par ses mérites elle nous excuse devant le Seigneur!

Puissance, honneur, louange et gloire à Dieu le Père, à Dieu le Fils, et au Saint-Esprit, dans les siècles des siècles.
Ainsi soit-il.

FÊTE

DE

L'ÉLÉVATION DE SAINTE HILTRUDE

Le dimanche dans l'octave de l'Ascension.

AUX VÊPRES

Air : *Sacris solemniis...*

LE jardin de l'Eglise si fertile en délicieuses richesses, ayant choisi le lys comme le symbole de la pureté, a répandu à Liessies la bonne odeur de la grâce en unissant Hiltrude à Jésus-Christ.

HORTUS Ecclesiæ fragrans deliciis,
Florem munditiæ præsignans liliis,
Odorem gratiæ fudit in Lætiis,
Hiltrudem Christo fœderans.

Hiltrude a puisé en Dieu une distinction plus grande que sa naissance, une beauté morale plus éclatante que sa beauté physique, une force de vertu qui l'a fait triompher de tous ses ennemis.

Quæ claris clarior orta natalibus
Formam formosior excessit moribus,
Fortemque fortior vicit virtutibus
Hostem in Deo superans.

Elle méprisa l'alliance d'un duc de Bourgogne pour

Spretisque nuptiis ducis Burgundiæ,

Vacans jejuniis et parcimoniæ, Addit se Lætiis, grandis lætitiæ Causa futura posteris.	se donner à la mortification et à la sainte pauvreté. Et se fixant à Liessies, elle y devint la cause d'une grande joie pour les générations futures.
Jam Sponsi sedula castis amplexibus Confert ad oscula se votis omnibus, Ut fumi virgula ex aromatibus Odorem spirat superis.	Tout entière aux chastes embrassements de l'Epoux des âmes, elle se trouve maintenant au comble de ses vœux. La voici devenue un bouquet d'encens qui répand partout un parfum divin.
A mundi vitiis mundans nos expia, Patremque filiis mater concilia, Ut tecum gaudiis in Cœli curia Nos jungat vera caritas.	Vous qui fûtes pure des séductions du monde, préservez nous-en, faites pour vos enfants auprès du Père céleste l'office d'une mère, afin que l'Amour infini nous introduise avec vous dans le Ciel.
Patri et Filio, Sanctoque Flamini Psallat hæc concio devota virginis, Cujus præsidio nos trino Numini Apponat una Trinitas. Amen.	Que ce chant en l'honneur de notre bienheureuse Vierge glorifie le Père, le Fils et le Saint-Esprit, et nous obtienne par son secours de contempler un jour l'auguste Trinité. Ainsi soit-il.

A LAUDES

Air : *Jesu corona virginum...*

La Lumière éternelle qui soutient le courage des vierges et les sanctifie, a aidé sainte Hiltrude à lui plaire par ses mérites.	Sanctarum mentes virginum Confortat Auctor luminum, Sibique reddit placitum Sanctæ Hiltrudis meritum.
Hiltrude, pour ne point faire de faux pas, ne veut d'autre époux que Jésus-Christ ; prévenue par sa grâce, elle fuit les plaisirs du monde.	Quæ ne quid agat temere, Christo disponit nubere ; Christi præventa gratia, Mundana fugit gaudia.
Elle écarte les prétendants ; elle n'écoute pas la passion ; disciple de Jésus-Christ, enfermée dans sa petite cellule, elle s'étudie à imiter son détachement.	Procos spernit, lasciviæ Non cedit, parcimoniæ Studet Christi discipula Brevi reclusa cellula.
En vivant dans la solitude, elle mérite le royaume de la gloire ; et parce qu'elle a quitté avec bonheur la vie terrestre, elle vit de la vraie pour l'éternité.	Vivendo solitarie Meretur regnum gloriæ ; Vitam claudens feliciter Vita vivit perenniter.
Dieu a récompensé la foi de la bienheureuse vierge	Deus donis interminis Donavit fidem virginis,

Cujusque sint insignia
Signa fantur frequentia.

de faveurs multipliées : la preuve en est dans les beaux et fréquents miracles qui s'opèrent par son intercession.

Gloria tibi, Domine
Qui scandis super sidera,
Cum Patre et sancto Spiritu
In sempiterna sæcula.
Amen.

Gloire à vous, ô Jésus qui régnez au plus haut des cieux, ainsi qu'au Père et au Saint-Esprit, dans les siècles des siècles.
Ainsi soit-il.

Auteurs consultés.

Acta Sanctorum, tome III de septembre.
Acta Sanctorum Belgii, tome VI.
Jacques de Guise : *Les Chroniques du Hainaut.*
Vinchant : *Les Annales du Hainaut.*
P. Delewarde : *Histoire générale du Hainaut.*
L'abbe Brasseur : *Cimeliarchium Lætiensis ecclesiæ.*
Officia particularia Ecclesiæ seu monasterii S. Lamberti Lætiensis. Mons, 1644.
Mgr C. Destombes : *Vies des Saints du diocèse de Cambrai.*
G. de Blois : *Vie du Vénérable Louis de Blois*, 1878.
Gossart : *Les Etablissements religieux de l'arrondissement d'Avesnes*, 1859.
L'abbé Capelle : *Vie de sainte Hiltrude*, 1857.
L'abbé Delobelle : *Vie de saint Etton*, 3e édition, 1893.
Molhain, par l'abbé Antoine.
Le Glay : *Cameracum christianum.*
Bulletin de la Société des études de la Province ecclésiastique de Cambrai, n° de janvier 1900.
Archives de la Commune et de l'Eglise de Liessies.
Vie et histoire de sainte Hiltrude, par un religieux de l'abbaye de Liessies, 1755, qui dit l'avoir en partie copiée sur le manuscrit du religieux bénédictin de l'abbaye de Waulsor qui vivait en l'an 1060. Ce manuscrit est la propriété de M. Charles Lhomme de Liessies.

CONCLUSION

En terminant cette notice, nous ferons remarquer qu'il y a toujours eu entre Dieu et les Saints une espèce de contestation. Plus ceux-ci ont affecté par humilité d'ensevelir leur nom avec la mémoire de leurs vertus, plus Dieu a pris plaisir à les retirer de cette obscurité pour les proposer aux peuples comme l'objet de leur vénération.

Cela s'est vérifié à la lettre pour sainte Hiltrude.

Elle avait voulu vivre oubliée à l'ombre du sanctuaire, et voici que son tombeau est illustré par de nombreux miracles et qu'on bâtit, pour le garder et l'honorer, la plus belle abbaye et une des plus riches églises du Hainaut, et voici que son nom est plus que jamais exalté et béni, et qu'après onze siècles on redit toujours ses vertus et sa puissance. Quel contraste avec ce qui se passe dans le monde ! Les hommes cherchent la gloire, et ils trouvent l'oubli. Les Saints cherchent l'oubli, et ils trouvent la gloire.

A cette réflexion nous ajouterons une prière.

O bonne sainte Hiltrude, priez sans cesse

pour nous. Nous sommes dans la lutte, environnés d'embûches, exposés à perdre le Ciel. Venez à notre secours, avec toute l'ardeur de votre tendresse virginale, avec tout le crédit dont vous jouissez près de Dieu.

Conservez à nos enfants la pureté d'âme et de corps qui est leur plus bel ornement, gardez-les de la hideuse souillure du vice, défendez-les contre les attaques de l'incrédulité et contre les scandales qui mettent en péril leur innocence.

Prenez sous votre protection les familles chrétiennes de la paroisse. Que les pères et les mères se préoccupent avant tout de faire grandir leurs enfants dans la vertu et de sauver leurs âmes pour l'éternité. Qu'ils aient pour cela un zèle ardent, éclairé, sage, qui ne se décourage jamais.

Ayez compassion des pauvres et des affligés, ô vous qui les avez tant aimés ici-bas, et obtenez-leur la résignation dans les peines, la patience dans leurs maux, l'espérance et le désir des biens célestes.

Que tous, par votre continuel et doux patronage, nous ayons la joie ineffable de voir et de louer avec vous, dans le Paradis, le Dieu de toute miséricorde. Ainsi soit-il.

TABLE DES MATIÈRES

Bar-le-Duc. — Impr. Saint-Paul. — 5440,1900.